KÖNIGS FURT

W0395552

Über dieses Buch

»Wir glauben, dass jeder Mensch Zauberkräfte hat. Wir finden Hexen toll, weil sie uns an unsere größeren Möglichkeiten erinnern.«

Erfrischend undogmatisch und unkompliziert beschreiben die beiden Autorinnen die Welt des Tarot – und speziell des »Teen Witch Tarot«, das in diesem Buch komplett abgebildet ist.

Von führenden Hexen empfohlen!

Über die Autorinnen

Sanja Burg, Jahrgang 1984, ist bei Erscheinen des Buchs Abiturientin in Kiel. Sie beschäftigt sich leidenschaftlich mit den Anderswelten der Popkultur.

Ann Rosner, Jahrgang 1979, studiert Physik und Psychologie in Hamburg. Sie beschäftigt sich seit Jahren mit Tarot und Hexenkulten.

Sanja Burg / Ann Rosner

Witch Girl Tarot

Das Buch zum
Teen Witch Tarot

Königsfurt Tarot Bibliothek

KTB 7
Königsfurt Tarot Bibliothek
Herausgegeben von Johannes Fiebig

Bibliografische Information der Deutschen Bibliothek

Die Deutsche Bibliothek verzeichnet diese Publikation in der Deutschen Nationalbibliografie; detaillierte bibliografische Daten sind im Internet über http://dnb.ddb.de abrufbar.

Die in diesem Buch verwendeten Abbildungen stammen aus dem »Teen Witch Tarot«, © Lo Scarabeo, Turin/Italien.

Originalausgabe
Krummwisch bei Kiel 2004
© 2004 by Königsfurt Verlag
D-24796 Krummwisch
www.koenigsfurt.com
www.tarot-online.com

Umschlag: Stefan Hose, unter Verwendung der Karte »III-Die Herrscherin« aus dem Teen Witch Tarot
Lithos: Lo Scarabeo, Turin/Italien
Satz: Stefan Hose, Götheby-Holm
Druck & Bindung: Oldenbourg Taschenbuch, Monheim

ISBN 3-89875-641-6 (Buch separat)
ISBN 3-89875-592-4 (Karten separat)
ISBN 3-89875-642-4 (Buch & Karten im Set)

Inhalt

Die einzelnen Karten im Überblick

Große Karten

Flammen

Kessel

Besen

Felsen

Das Gestern ist nur ein Traum,
das Morgen nur eine Vision.
Aber das Heute, richtig gelebt,
macht alles Gestern zu einem Traum des Glücks
und jeden Morgen zu einer Vision der Hoffnung.
Achte daher wohl auf diesen Tag.
(Sanskrit)

Glaubt den Lehrern nicht, glaubt den Büchern nicht,
glaubt auch mir nicht. Glaubt nur das, was ihr selbst
gründlich geprüft und als euch selbst und den anderen zum
Wohle dienend erkannt habt.
(Gautama Buddha)

Which Girl? The Witch Girl

Ja, ja, Harry Potter und Sabrina und Charmed – Hexen sind voll im Trend! Aber das interessiert uns hier nicht wirklich. Die Trends kommen und gehen.

Mal werden Hexen brutal verfolgt und mal werden Hexen halt bewundert und angehimmelt. Manche Märchen und Geschichten kennen nur die ziemlich gemeine und böse Hexe. Andererseits zeigen uns Kinderbücher oder Filme viele Versionen von süßen und niedlichen Hexchen.

»Hexe« gilt vielen immer noch als Schimpfwort. Und für andere ist es ein politisches oder naturreligiöses Programm: Unsere Mütter waren in den 1970er oder 1980er bei den feministischen Emanzipationshexen. Einige unserer Cousinen machen bei Wicca und den Neuheiden mit. Was uns mehr interessiert, ist etwas anderes:

Wir glauben, dass jeder Mensch Zauberkräfte hat. Und dass besonders jedes Mädchen und jeder Junge mehr Möglichkeiten hat, als man im Allgemeinen glaubt. Vielleicht mehr, als wir selber glauben.

Wir finden Hexen toll, weil sie uns an unsere größeren Möglichkeiten erinnern.

Von merkwürdigen Beschwörungen oder aufwändigen Requisiten halten wir nicht viel. Das ist doch meistens eher peinlich. Für uns zählt, was wir erleben: Gefühle und Leben. Die positiven Möglichkeiten austesten. An eigenen Zielen arbeiten. Und feiern, dass wir da sind.

Wir sind Hexen heißt für uns *»wir sind Helden«*. Jede für sich und mit Freunden gemeinsam. Wie es aussieht, werden wir immer mehr.

Sanja Burg / Ann Rosner
Kiel und Hamburg, Imbolc 2004

Geschichte des Tarot

Um die Entstehung und die Hintergründe der Tarot-Karten ranken sich unzählige Legenden.

Rätselhafte Ursprünge

So haben wir gelesen, Tarot habe seinen Ursprung in den Tempeln des alten Ägyptens. Oder Tarot stamme aus dem versunkenen Atlantis. Wieder andere erzählen, dass vor langer, langer Zeit sich die Weisen der Welt getroffen und beschlossen hätten, ihr Wissen und ihre Weisheit den Mitmenschen und der Nachwelt in sicherer Weise zugänglich zu machen; und dass ihnen sinnigerweise die Tarot-Karten als geeignetes Medium ihrer Weisheit eingefallen seien.

Tatsache ist, dass die ersten Tarot-Karten in der Renaissance-Zeit in Oberitalien entstehen. Ab 1430 werden in Mailand und Bologna erstmals »Triumphkarten« gemalt und mit den schon vorher vorhandenen Spielkarten zu den *tarocchi*, einem Satz Tarot-Karten, zusammengefügt.

Im 19. Jahrhundert und bis in die Mitte des 20. Jahrhunderts waren es kleine esoterische Zirkel, die sich auf ziemlich unterschiedliche Weise mit den Tarot-Karten beschäftigten. Es waren jedoch immer nur *wenige* Menschen. Erst in den letzten Jahrzehnten des 20. Jahrhunderts entwickelte sich die Situation, wie wir sie heute kennen – mit Millionen von Tarot-Usern und einem großen Angebot von Tarot-Karten.

Tausend Tarot-Sorten

Heute sollen mehr als eintausend Tarot-Sorten auf der Welt existieren. Davon sind etwa vierhundert im Handel erhältlich. An der Spitze aller Tarot-Decks liegt das *Waite-Tarot*, auch Rider- oder Rider-Waite-Tarot genannt.

Etwa die Hälfte der rund tausend Tarot-Varianten sind historische Versionen des klassischen »Tarot de Marseille«. Die andere Hälfte besteht aus Neuschöpfungen. Zu diesen zählt auch das *Teen Witch Tarot.* Dieses entstand im Jahre 2003 in Italien, geschaffen von Antonella Platano (Bilder) und Laura Tuan (Textheft), herausgegeben von Pietro Alligo, Turin.

Magie des Tarot

Das Tolle am Tarot ist, dass du es immer mitnehmen kannst. Dass es ein Super-Freund, eine starke Helferin ist, die eigentlich nichts weiter von dir verlangt. »Nur all zu oft fühlt sich eine Zauberhexe auch ziemlich allein gelassen, und dann zeigt sich, dass Tarotkarten sehr gut geeignet sind, nach neuen Lösungen und Möglichkeiten Ausschau zu halten« (Rena Terhef).

Keine Vorschriften

Sympathisch ist auch, dass es eigentlich keine zwingenden Vorschriften gibt. Okay, bei der Deutung der Bilder musst du dich natürlich an das halten, was auf der Karte zu sehen ist. Und irgendwie muss deine Interpretation einen Sinn machen.

Aber ob man mit der linken oder der rechten Hand mischt und zieht – ob man ein Tuch um die Karten wickelt oder nicht – ob man eine Kerze oder ein Räucherstäbchen beim Kartenlegen anzündet usw. –, das ist jedem selber überlassen.

Eigene Rituale

Hier einige Beispiele für anwendbare Rituale.

Karten »reinigen«: ein violettes Tuch auf den Tisch ausbreiten und links ein farbiges Weihrauchstäbchen und rechts eine gleichfarbige Kerze in einem jeweils entsprechenden Gefäß oder Ständer aufstellen. Beides anzünden und die Karten im Abstand von etwa einer Handbreite dreimal durch den Rauch und über die Flamme bewegen.

Aufbewahrung: die Karten in ein violettes Tuch gewickelt oder in einer Schmuckdose aufbewahren.

Was dir wichtig ist: Manche schaffen einen Platz in ihrem Zimmer (eine Schublade, ein Regal, einen kleinen Tisch), wo alles versammelt ist, was ihnen besonders wichtig ist (nicht geheime Liebesbriefe, Andenken, Traum-Ziele). Da werden auch die Tarot-Karten aufgehoben.

Karten widmen: Manche verschenken einzelne Tarot-Karten an ihre Freunde. Außerdem kannst du starke Glückwunschkarten basteln, wenn du eine einzelne Tarot-Karte auf einen Karton oder ein Stück Papier klebst und dazu schreibst: »Liebe/r … , mit dieser Karte wünsche ich Dir … «.

Tageskarte

Die beste, einfachste und meistpraktizierte Übung. Du ziehst eine Karte, morgens oder abends. Sie zeigt dein Tagesthema. Eine Station des Tarot, eine bestimmte Aufgabe oder Chance wird für den betreffenden Tag wie durch eine Lupe besonders deutlich.

Die Tageskarte ist die beste Übung für *Neulinge*: Wenn du täglich eine Karte ziehst, wächst du jeden Tag ein Stück in die Bilderwelt des Tarot hinein. Und für *Fortgeschrittene* bleibt die Tageskarte eine der wichtigsten und schönsten Übungen.

Lieblingskarte

Diese Karte wird nicht gezogen, sondern ausgesucht. Welche Karte findest du am besten?

Persönlichkeitskarte

Dazu wird aus den Ziffern deines Geburtsdatums die Quersumme gebildet:

Zum Beispiel 8.9.1983 ergibt: 8+9+1+9+8+3 = 38. Liegt diese Summe bei einer Zahl zwischen 1 und 21, so ist die Große Karte, die die gleiche Zahl trägt, die zugehörige Persönlichkeitskarte. (*Große Karten* erkennt man daran, dass sie *römische* Ziffern tragen.) Ist zum Beispiel die Quersumme 19, so ist die entsprechende Persönlichkeitskarte *XIX-Die Sonne.*

Beträgt die errechnete Quersumme 22, so gilt die 22. Große Karte – das ist *0-Der Narr* – als betreffende Persönlichkeitskarte.

Liegt die Quersumme jedoch, wie im obigen Beispiel, bei 23 oder höher, so musst du aus der errechneten Quersumme noch einmal die Quersumme ziehen. Zum Beispiel ergibt dann 38 als weitere Quersumme 3 + 8 = 11; die Große Karte mit der gleichen Ziffer ist nun die zutreffende Persönlichkeitskarte, in diesem Beispiel XI-*Die Stärke.*

So legst du die Karten

Die folgenden »10 Gebote« des Kartenlegens fanden wir bei Evelin Bürger/Johannes Fiebig:

- **Benutze alle 78 Karten des Tarot-Spiels.**
- **Überlege dir deine Frage,** die du an die Tarot-Karten richten möchtest. Atme tief. Stell' dein Handy aus. Entspann' dich.
- **Finde heraus, welche** Frage dich im Moment am meisten beschäftigt. Und richte diese an die Tarot-Karten. »Geh, wohin dein Herz dich trägt!«
- **Die Karten sind wie ein Spiegel.** Man kann einfach nicht für andere in den Spiegel schauen. (*Mit* anderen – klar, aber nicht *für* andere.) Eine Antwort für andere Personen erhält man nur, wenn diese für sich selber Karten legen!
- **Mische die Karten,** wie du es gewohnt bist.
- **Ziehe die Karten,** wie du es gewohnt bist: Von oben, von unten, oder ganz beliebig aus der Mitte. Die Bilder müssen dabei verdeckt (nach unten gewandt) sein.
- **Lege nach einem Legemuster** aus, das du zuvor ausgewählt hast. Lege sie verdeckt in Form des Legemusters vor dich hin.
- **Alles, was während** einer Kartenbefragung *geschieht,* kann zum Inhalt der gesuchten Antwort gehören.
- **Die Antwort auf deine Frage** geben *alle* Karten einer Auslage zusammen.
- **Merke dir dein Ergebnis** (vielleicht aufschreiben). Und tue etwas damit.

Legemuster

Tarot-Magie

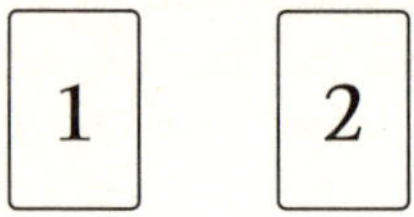

1 - Diese Karte wird ausgesucht
2 - Diese Karte wird verdeckt gezogen.

Konzentriere dich zunächst auf deine Frage.
Dann halte die Karten so, dass du die Bilder anschauen kannst, und blättere die Karten durch. Nimm die Karte heraus, die dich für deine Fragestellung am meisten anzieht.
Dann werden die Karten gewendet, die Bilder zeigen nun nach unten. Jetzt mische die Karten wie gewohnt und ziehe eine heraus.
Antwort auf deine Frage: beide Karten zusammen.

(In Anlehnung an: Mario Montano: Poker mit dem Unbewussten, Praxis des intuitiven Tarot, S. 266)

Zwei Auslagen zur Klärung

1 - Aktuelle Situation
2 - Vergangenheit oder das, was schon da ist
3 - Zukunft oder das, was neu zu beachten ist.

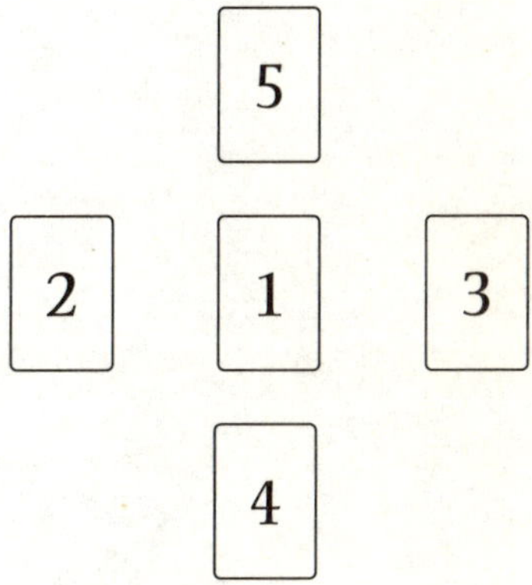

1 - Schlüssel oder Hauptaspekt
2 - Vergangenheit oder das, was schon da ist
3 - Zukunft oder das, was neu zu beachten ist
4 - Wurzel oder Basis
5 - Krone, Chance, Tendenz.

1
2
3
4
5
6
7
8
9
10
11
12
13

Der Kreis der Hexen

Mische die Karten, hebe ab und nehme anschließend die ersten 13 Karten auf. Lege die Karten nun, oben beginnend, *gegen* den Uhrzeigersinn kreisförmig auf dem Tisch aus.

1 - Wer du bist, körperlicher und seelischer Zustand.
2 - Finanzen, Taschengeld, Einkommen und Ausgaben.
3 - Studium, Schule, Geschwister, Kameraden, Fahrzeuge, Auto.
4 - Zuhause und Familie.
5 - Feiern, Partys, Vergnügungen, Liebeleien und Eroberungen, Musik und Kunst.
6 - Arbeit, Alltagsumgebung, Pflichten und Aufgaben.
7 - Dein Traumpartner, der Märchenprinz.
8 - Träume und Sex.
9 - Reisen, Kurse, Universität, Lektüre.
10 - Erfolg, erfüllte Wünsche, deine Großeltern.
11 - Die Freunde, der Computer, soziales und politisches Engagement.
12 - Talent, Prüfungen.
13 - Das Unvorhergesehene, die Überraschung.

Zum Schluss die **Quersumme.** Diese wird errechnet, indem man alle Zahlen der ausgelegten Karten zusammenzählt (Ass = 1; Fest, Mond, Göttin, Prüfung = jeweils 0). Dann weiter wie bei der Persönlichkeitskarte (siehe S. 14). Die **Quersummenkarte** ist die Überschrift oder Zusammenfassung (Quintessenz) deiner Auslage.

Bestandsaufnahme

Vergangenheit	1	2	3
Gegenwart	6	5	4
Zukunft	7	8	9

Beziehungstarot

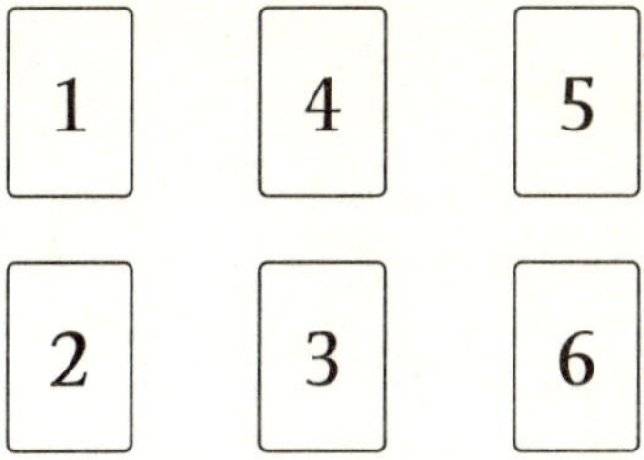

1 - Partner A zieht eine Karte für Partner B: »So sehe ich Dich…«
2 - Partner B zieht eine Karte für Partner A: »So sehe ich Dich…«
3 - Partner A zieht eine Karte für sich: »So sehe ich mich…«
4 - Partner B zieht eine Karte für sich: »So sehe ich mich…«
5 - Partner A zieht eine Karte, die seine Beziehung zu Partner B zeigt
6 - Partner B zieht eine Karte, die seine Beziehung zu Partner A zeigt

Karten nacheinander aufdecken, auf erste Reaktionen achten und über die Karte zu dem Partner sprechen:
z.B. »Ich sage Dir mit dieser Karte…«
»Ich bekomme von Dir…«
»Ich gebe Dir in diesem Augenblick…«.

(In Anlehnung an: Gerd Ziegler: Tarot – Spiegel der Seele, S. 135)

Entscheidungsspiel

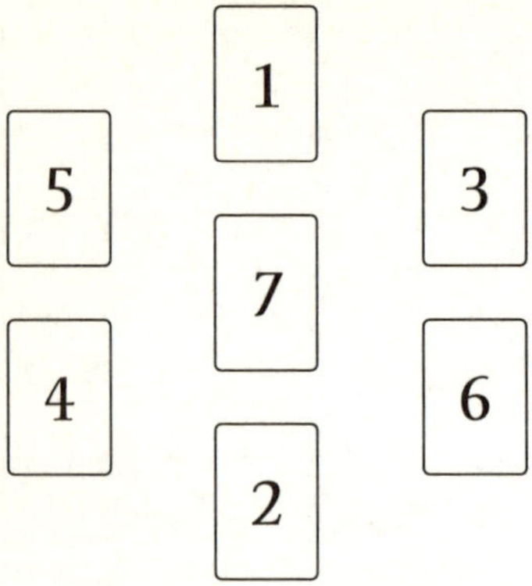

1 - Deine Stärken
2 - Deine Schwächen
3 - Unterstützung von außen
4 - Widerstand von außen
5 - So solltest du dich entscheiden
6 - Das wird dann geschehen
7 - Deine Lösung

Keltisches oder Sonnenkreuz

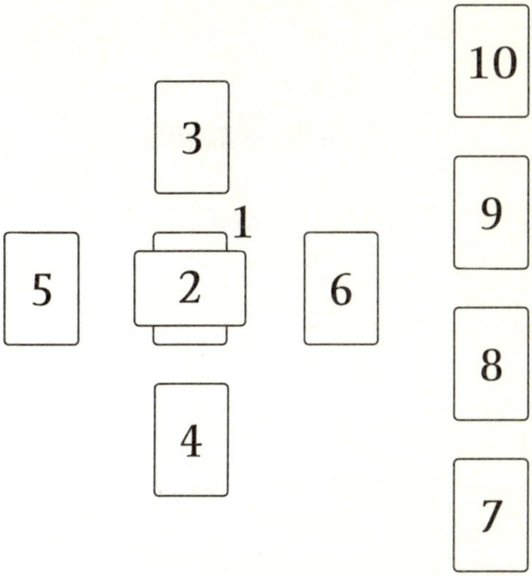

1 - Ausgangspunkt, Thema der Frage
2 - Kreuzkarte, Gegensatz oder Ergänzung zu 1
3 - Chancen, Krönung, bewusste Seite
4 - Wurzel, Basis, unbewusste Seite
5 - Vergangenheit
6 - Zukunft
7 - Deine innere Kraft, deine innere Einstellung
8 - Einflüsse von außen, dein Verhalten nach außen
9 - Hoffnungen und Ängste
10 - Ergebnis, Ziel, Aufgabe

Große Karten

Liebe, Tod und Teufel

Große Karten

Große Stationen des Lebens

Der Narr

Nur mit Mühe kannst du den Bock festhalten. Ob du ihn überhaupt längere Zeit halten kannst, ist fraglich. Das Bild ist voller Bewegung. Der Hut, die Steinsplitter, das Band, auch die Hexe selbst – alle sind mitten in einer Bewegung, in einem Fallen gemalt. Es scheint so, als ob du den Bock davon abhalten willst, in die Berge zu klettern, wohin ihn seine Natur und seine Veranlagung ziehen. Und das kann dich zur Närrin machen.

Denn warum sollte der Bock nicht dorthin gehen, wohin er gehört? Warum sollte es auf der grünen Wiese besser für ihn sein? Und könntest du ihn überhaupt dazu zwingen, für immer dort unten zu bleiben? Schließlich ist er genauso groß wie du selbst und bestimmt sehr kräftig.

Tiere werden von ihren Trieben geleitet. Wir sehen hier also nicht nur einen Kampf zwischen Mensch und Natur. Der Bock symbolisiert unsere stärksten innersten Gefühle und Wünsche – und wer gegen die kämpfen will, ist ein Narr.

Aber vielleicht lässt du dich ja auch von ihm nach oben ziehen?

Bei dieser Karte kann es darum gehen,

... dass du dir darüber klar wirst, dass es sehr schwer und manchmal fast unmöglich ist, gegen tiefe Sehnsüchte anzukämpfen.

... dass du fest auf deinen Füßen stehst. Auch wenn manche Narren an dir zerren, weißt nur du, was richtig für dich ist.

... dass du Zuversicht hast. Wenn du etwas wirklich willst, wird nur ein Narr noch versuchen, dich aufzuhalten – und das nicht sehr erfolgreich.

... dass jemand, der unbedingt auf einem besonders schweren Weg hoch hinaus will, nicht daran gehindert werden sollte.

Bedenke also, dass ein kräftiger Wille nicht zu zähmen ist.

Gefühle:

Manchmal kann nur dein Gefühl dir sagen, was das Richtige ist.

Du selbst:

Der ständige Konflikt zwischen Verstand und Gefühl ist für keinen von beiden sehr angenehm oder gewinnbringend

Du und andere:

Wenn du einen guten Plan für dich gefasst hast, ist es wichtig, sich nicht von anderen einschränken zu lassen.

Die Hexe

Irgendwie ist dieser Blick gleichzeitig angriffslustig, amüsiert und wohlwollend. Vor allem siehst du aber selbstbewusst nach vorne, wer oder was sich dort auch befindet. Denn du weißt genau, was zu tun ist: Die Schriftrolle hast du zur Seite gelegt, genauso den Zauberstab und den Kelch. Du kennst deinen magischen Spruch, deinen magischen Stab und deinen magischen Trank. All das lässt du im wahrsten Sinne des Wortes links liegen.

Du willst das Schwert benutzen. Das muss nicht unbedingt heißen, dass du jemanden verletzen willst: Ein Schwertangriff wird im Gegensatz zur Magie ganz nah am Gegner in einer offenen Konfrontation ausgeführt. Und genau das soll der Dolch symbolisieren. Du gehst einem Streit nicht aus dem Weg und versuchst auch nicht, diese Person ganz heimlich zu »verhexen«. Du bist fest entschlossen, deine Interessen selbstsicher und ehrlich zu vertreten.

Siehst du, wie der Dolch glänzt, während die magischen Gegenstände etwas heruntergekommen wirken? Das soll bedeuten, dass eine direkte Auseinandersetzung viel »glänzender«, also viel stilvoller und souveräner ist als ein versteckter Angriff – du wirst dich danach also auch viel besser und voller Stolz fühlen.

Bei dieser Karte kann es darum gehen,

... dass du genug Mut und Selbstbewusstsein hast, um ein Problem zu lösen.

... dass du dich dem Problem oder deinem Feind stellst, anstatt den Kontakt mit ihm zu vermeiden.

... dass du nach guter Überlegung weißt, mit welchen Mitteln ein bestimmtes Problem zu lösen ist.

... dass du dich nicht zu sehr auf eine einzige Methode festlegst und alle anderen Methoden vergisst.

Bedenke also: Manchmal ist Angriff die beste Verteidigung.

Gefühle:

Du fühlst dich siegessicher und bist stolz auf deine Fähigkeiten. Zeig das ruhig!

Du selbst:

Du weißt, was zu tun ist, wie es zu tun ist, und dass du es schaffen wirst.

Du und andere:

Man sieht dir an, dass du dich von nichts und niemandem einschüchtern lässt.

Die Priesterin

Wie eine typische Priesterin sieht die Frau in diesem Bild nicht unbedingt aus, eher wie eine Hausfrau. Aber man sollte hier nicht zu schnell urteilen. Der Kessel, sein Inhalt, das Rezept auf dem Schoß und der Rührstab sehen auf den zweiten Blick ganz und gar nicht mehr normal aus. Was könnte da zusammengebraut werden?

Die Eule ist sehr zutraulich und mag dich offenbar. Eulen symbolisieren oft Weisheit und sind in Fabeln meist sehr kluge Tiere. Einerseits hast du also die Weisheit als Verbündete, andererseits sucht ein äußerst weises Wesen deine Freundschaft.

Ganz anders als die Schlange unten im Bild. Seit der Geschichte von Adam und Eva gelten Schlangen als Symbole für das Böse. Diese böse Kreatur will dich offensichtlich angreifen, aber du beachtest sie nicht besonders und hältst sie locker mit nur einem Fuß in Schach. Wir sehen hier also keine gewöhnliche Frau, sondern einen weisen Menschen, der große Macht gegen das Böse hat.

Aber könnte es auch sein, dass du dich so sehr mit der Weisheit beschäftigst, dass du eine große lauernde Gefahr, wie hier die Schlange, einfach übersiehst, obwohl sie direkt vor deinen Füßen ist?

Bei dieser Karte kann es darum gehen,

… dass du dir deiner verborgenen Kräfte bewusst wirst.
… jemanden nicht vorschnell zu beurteilen.
… dass man seine Überlegenheit auch nur andeuten kann, anstatt damit anzugeben.
… nicht vor lauter Weisheit und klugen Überlegungen Gefahren zu ignorieren oder das Handeln zu vergessen.

Bedenke also, dass alles zwei Seiten haben kann.

Gefühle:

Du fühlst dich sicher. Aber hast du die Gefahren wirklich im Blick?

Du selbst:

Du bist zufrieden und im Reinen mit dir und deinen Fähigkeiten.

Du und andere:

Hast du das Gefühl, dass mehr in dir steckt, als andere dir zutrauen?

Die Herrscherin

Du sitzt sehr hoch und scheinst dennoch keinerlei Höhenangst zu haben. Das macht eine Herrscherin aus – sie befindet sich an der absoluten Spitze der Gesellschaft und fühlt sich dort sehr sicher. Aber wie heißt es doch: »It's lonely at the top« – es ist einsam ganz oben. Du wirkst verlassen, aber wahrscheinlich brauchst du momentan einfach etwas Zeit für dich. Zum Beispiel, um über dich selbst nachzudenken, wie es der Spiegel andeutet. Man betrachtet sich selbst genau, um herauszufinden, was zu tun ist. Auch in dem Buch auf deinem Schoß könntest du Hilfe finden, einen guten Zauberspruch oder einfach eine gute Taktik. Aber zuerst musst du dich selbst genau erforschen.

Eventuell hast du dich ja an einen ruhigen Ort zurückgezogen, um über den Menschen nachzudenken, der dir die Blumen in deiner Hand gab – oder dem du die Blumen vielleicht geben willst.

Siehst du die Vögel im Hintergrund? Sie könnten zeigen, dass du genauso frei wie sie bist. Andererseits wirken sie auch wie Raubvögel und könnten deine Stärke und Angriffskraft symbolisieren.

Herrscherin zu sein bedeutet auch, sich genug Zeit für eine Entscheidung zu nehmen und sie dann frei, stark und sicher umzusetzen.

Bei dieser Karte kann es darum gehen,

... dass du genau überlegst, wie es in dir aussieht und was du willst.

... dass du dir über deine hohe Position klar wirst und selbstsicher damit umgehst.

... die genaue Umsetzung erst dann zu planen, wenn du weißt, was du willst.

... dich an deine Stärke und deine Ungebundenheit zu erinnern.

... dass du noch nicht sicher bist, wie du zu einem besonderen Menschen stehst.

... dass man manchmal gedankliche Freiheit braucht, die so grenzenlos ist wie der Himmel für die Vögel.

Bedenke also, dass du dir die Zeit nehmen solltest, die du brauchst.

Gefühle:

Du fühlst dich unsicher darüber, was zu tun ist.

Du selbst:

Du brauchst Zeit für dich allein und absolute Freiheit.

Du und andere:

Du wirkst nach außen sehr sicher, aber auch nachdenklich.

Der Herrscher

Es kann Verschiedenes bedeuten, dass in diesem Bild ein großer Hut vor dir im Vordergrund steht. Hüte verbindet man mit dem Kopf und damit auch mit dem Verstand. Weisheit und Verstand könnten zu lange bei dir im Vordergrund gestanden haben. Dazu passt nämlich die herbstliche Landschaft, denn im Herbst vergehen vorherige Dinge. Die Alleinherrschaft des Verstandes hört jetzt vielleicht auf, und du bist gerade dabei, dich an seine Stelle zu setzen. Wenn du selbst mit all deinen Gefühlen dann im Mittelpunkt stehst, kommt die Freude am Leben, die dir ins Gesicht geschrieben steht, nicht mehr zu kurz. Wie der kleine Vogel könnte der Verstand schnell verscheucht werden.

Andererseits kann das Bild auch bedeuten, dass du nach dem Hut, also nach der Weisheit, greifst. Dir ist klar, dass mit der Weisheit auch Freiheit, wie der Vogel sie symbolisiert, und Macht kommen. All das ist für dich wortwörtlich greifbar – daher auch das siegessichere Lächeln in deinem Gesicht.

Oder willst du verhindern, dass von dem Wind, der die Blätter durch die Luft weht, auch der Hut und damit der Verstand, weggeweht wird? Dein Lächeln zeigt dann deine Zuversicht, dass du ganz bestimmt nicht einfach deinen Verstand verlieren wirst, so wie einen Hut im Sturm.

Bei dieser Karte kann es darum gehen,

... sich nicht nur von seinem Verstand beherrschen zu lassen.
... eine alte Herrschaft, eine alte Ordnung umzustoßen.
... dass du beschützt, was wichtig für dich ist.
... dass du zu großer Weisheit und Macht kommen willst.
... dass eine Gefahr nur eine Kleinigkeit für dich ist.

Bedenke also, ob du das, was gerade von Bedeutung ist, beschützen oder zur Seite schaffen willst.

Gefühle:

Du fühlst dich sehr zuversichtlich, bist froh und vielleicht auch neidisch auf jemanden, der im Vordergrund steht.

Du selbst:

Du hast dir etwas vorgenommen und wirst es auch schaffen.

Du und andere:

Eine Änderung der Verhältnisse kündigt sich an. Willst du das tatkräftig unterstützen oder verhinderst du es?

Der Hierophant

Ein Hierophant besitzt seltenes, uraltes Wissen und ist mit mystischen Geheimnissen bestens vertraut. Auf diesem Bild ist er ein alter Mann, der den jungen Frauen etwas beibringt. Eigentlich wollen junge Hexen sich ja von alten Ordnungen frei machen. Wir sind jung und wollen eigentlich keine Belehrungen von alten Leuten. Und eine selbstbewusste Hexe will nicht im Schatten eines Mannes stehen, der sich für viel weiser hält. Doch all das heißt nicht, dass man das Wissen, das jemand im Laufe seines Lebens gesammelt hat, einfach ignorieren sollte. Denn wenn man das tut, kann es sein, dass man sich die Dinge unnötig schwer macht.

Anstatt unbedingt alles selbst herausfinden zu wollen, kann man sich auch überwinden und jemanden fragen, der sich selber auch einmal mit diesen Problemen beschäftigt hat.

Natürlich muss man nicht alles glauben, was einem da erzählt wird. Aber wenn man sich aufmerksam mit dem auseinander setzt, was andere wissen, trägt das fast immer

Früchte. Dafür stehen die Walnüsse, die den Hierophanten umgeben.

Befasse dich also ruhig mit der erprobten Weisheit erfahrener Menschen. Deine eigenen Erfahrungen kannst du schließlich trotzdem machen – ob du dem Hierophanten nun glaubst oder nicht.

Bei dieser Karte kann es darum gehen,

… dass du Wissen und interessante Gespräche, die man dir anbietet, nicht wegen Vorurteilen ablehnen solltest.

… nicht einfach alles zu glauben, was angeblich Klügere sagen und lehren wollen.

… dass man manchmal nicht alles allein schaffen kann. Du solltest also keinen falschen Stolz haben.

… dass das andererseits nicht bedeuten muss, von jemandem abhängig zu sein.

… über seinen Schatten zu springen und die Weisheit von anderen anzuerkennen.

Bedenke also: Fragen kostet nichts.

Gefühle:

Wünschst du dir, von jemandem die Lösung für ein Problem, das dich belastet, zu erfahren?

Du selbst:

Wenn du deine Prinzipien übertreibst, können sie dich behindern.

Du und andere:

Du solltest dich respektvoll und aufgeschlossen anderen gegenüber verhalten, wenn sie dir helfen wollen.

Die Liebenden

Diese Karte kann sehr unterschiedlich verstanden werden. Vielleicht bist du die linke Hexe und führst eine glückliche Beziehung. Da kann natürlich Neid aufkommen, wie bei der rechten Hexe.

Möglicherweise zeigst du dich dem Jungen aber auch nur so freizügig, weil er eher an der rechten Hexe interessiert ist. Mit deiner Hand willst du seinen Blick auf dich statt auf sie ziehen. Eventuell passen die beiden ja viel besser zueinander. So kann man es nämlich verstehen, dass ihre Kleidung und ihre Haare die gleiche Farbe haben. Willst du wirklich versuchen, den jungen Hexer mit diesen Mitteln für dich zu gewinnen?

Oder du bist die rechte Hexe und neidisch auf dieses Verhältnis? Entweder, weil die beiden so glücklich sind, oder weil du selbst in den Jungen verliebt oder sogar mit ihm zusammen bist. Du fühlst, dass dich sehr viel mit ihm verbindet, wieder symbolisiert durch die Haar- und Kleidungsfarbe. Sein Verhältnis zu der anderen Hexe siehst du so, dass es nur auf Äußerlichkeiten aufgebaut ist und er dich eigentlich viel lieber mag, die Braunhaarige ihn aber in ihrem Bann hält. Aber bist du an einem so oberflächlichen Menschen wirklich noch weiter interessiert?

Bei dieser Karte kann es darum gehen,

… dass eine glückliche Beziehung Eifersucht auslöst. Entweder ist es deine eigene, oder du selber beneidest ein anderes Paar.

… dass du versuchst, einen geliebten Menschen bei dir zu behalten. Pass aber auf, wie weit du dabei gehst.

… zu überdenken, ob ein Mensch wirklich die Mühe wert ist, die man sich um ihn macht.

… dass Sex allein nicht ausreicht, damit eine Beziehung erfüllt bleibt.

… dass du dir Sorgen darüber machst, ob dein Freund untreu wird.

Bedenke also, dass Liebe oft Eifersucht und Kämpfe mit sich bringt.

Gefühle:

Du fühlst dich unsicher, was den Menschen, den du liebst, betrifft.

Du selbst:

Du willst, dass du bekommst, wonach du dich sehnst. Aber kämpfe nicht um absolut jeden Preis darum!

Du und andere:

Die Situation ist gespannt, es liegt Ärger in der Luft.

Der Wagen

Du fliegst steil nach oben, weg von den gewöhnlichen Häusern und in die Richtung von wunderschönen Sternen. Mit den Vögeln vor dem Besen, die dich ziehen, sieht das fast ein bisschen so aus wie das typische Bild vom Weihnachtsmann und den Rentieren vor seinem Schlitten. Nur dass du dich hier selbst beschenkst, und zwar mit Freiheit, Abenteuer und der Möglichkeit, dem alltäglichen Leben zu entfliehen. Du kannst etwas Aufregendes, Neues suchen oder dich einfach nach dort oben zurückziehen und ungestört sein. Man kann an deiner Haltung und deinem Gesicht sehen, dass du Spaß hast und dir das Ganze sehr leicht fällt.

Die magischen Vögel ziehen dich mühelos nach oben. Sie zeigen, dass dein Geist frei ist und jedes Hindernis überwinden kann, genauso wie ein Vogel. Wenn du also deinem Geist freien Lauf lässt, kann er dich überall hinbringen, wo du sein möchtest. Und er kann dir zeigen, wohin du gehen kannst, wenn du etwas Spannendes weit weg vom gewohnten Trott finden möchtest.

Bei dieser Karte kann es darum gehen,
... dass du bei einer Aufgabe, die für andere sehr schwer ist, völlig locker bist.
... einen freien und klaren Kopf zu haben und sich nicht von den normalen Denkweisen einschränken zu lassen.
... dass du vielleicht Ruhe und Zeit für dich brauchst.
... dass du vielleicht aber auch ein Abenteuer brauchst oder etwas in deinem Leben radikal ändern willst.
... sich seiner vielen Möglichkeiten bewusst zu werden und ein Hindernis zu überwinden.

Bedenke also, dass es für einen freien Geist leicht ist, festzustellen, was auf welche Weise geändert werden soll.

Gefühle:

Du bist froh, selbstsicher und aufgeregt in Anbetracht deiner Möglichkeiten.

Du selbst:

Tu etwas Gutes für dich, bei dem du dich toll fühlst.

Du und andere:

Momentan kannst du die anderen nicht gebrauchen. Es sei denn, sie haben denselben Drang nach Abenteuern.

Gerechtigkeit

In der einen Hand hältst du ein Schwert, mit dem du für das kämpfen kannst, woran du glaubst. Auf diesem Arm sitzt eine Eule, die als ein Tier, von dem gesagt wird, das es sehr klug ist, die Weisheit symbolisiert. Der Arm, mit dem du kämpfst, wird damit überwacht und geleitet von der Weisheit. Gleichzeitig hast du eine Waage in der Hand, ein altes Symbol für Gerechtigkeit. Mit ihr kann man im übertragenen Sinne Argumente gegeneinander abwägen. Wenn du Gerechtigkeit, Weisheit und Tatkraft miteinander wie auf diesem Bild vereinst, besitzt du wahre Größe und Stärke, die schwer zu besiegen ist.

Diese Karte spielt aber auch auf die Statue der Justitia an, die manchmal vor Gerichten zu finden ist. Sie zeigt eine Frau, die auch Schwert und Waage in den Händen hält, deren Augen allerdings verbunden sind. Das soll zeigen, dass die Gerechtigkeit sich blind stellt, wenn man selbstsüchtig versucht, sie zu beeinflussen.

Deine Augen sind aber weit geöffnet. Vielleicht bewegt

dich also dein Eigennutz dazu, deine Stärke für eine ungerechte Sache zu missbrauchen?

Bei dieser Karte kann es darum gehen,

... dass Gerechtigkeit auch bedeutet, gerecht und klug zu handeln.
... zu versuchen, sich von der Weisheit führen zu lassen, um nicht ungerecht zu handeln oder zu urteilen.
... aktiv zu werden und nicht länger als nötig über Gerechtigkeit und Weisheit zu grübeln.
... dass es manchmal nur so scheint, als ob man gerecht handelt, und man in Wirklichkeit nur an sich selber denkt.

Bedenke also, dass eine Gerechtigkeit, die nicht fair zu allen ist, keinen sicheren Stand hat.

Gefühle:

Deine Gefühle beeinflussen dich vielleicht zu sehr.

Du selbst:

Du solltest überprüfen, ob deine Vorgehensweise schlau und gerecht ist.

Du und andere:

Wenn du klug, gerecht und entschlossen handelst, kann sich dir kaum jemand in den Weg stellen.

Der Eremit

Ein Eremit ist jemand, der sich von den Menschen verabschiedet hat und in Einsamkeit und Ruhe lebt und über sich nachdenkt. Die Eremitin auf dieser Karte trägt ihr eigenes Licht bei sich, das sie durch die Nacht leitet. Sie stützt sich auf einen Stab, den sie auch als Waffe benutzen kann.

Sie hat also auch auf ihrem einsamen Weg Schutz und Wärme bei sich. Die Laterne kann aber auch für die Erleuchtung stehen, die diese Person sucht. Ihr Weg hat sie zu sehr fremdartigen Pflanzen gebracht, die andere Menschen wohl nie sehen werden. Das soll zeigen, dass man zu einzigartigen Erkenntnissen kommen kann, wenn man in Ruhe seinen eigenen Weg geht.

Hast du bemerkt, wie die Frau gekleidet ist? Diese Karte ist eine der wenigen, die jemanden zeigt, dem sein Äußeres vollkommen egal ist – schließlich geht es hier darum, sich selbst zu finden und sein Inneres zu verstehen.

Manchmal ist es dafür einfach nötig, alleine zu sein und seinen eigenen Weg zu gehen. Wie traurig oder glücklich du dabei bist, kannst du vielleicht daran sehen, wie du den Himmel in diesem Bild empfindest: Geht die Sonne, die Wärme und Erleuchtung symbolisiert, für dich gerade unter oder geht sie auf?

Bei dieser Karte kann es darum gehen,
... dass du Zeit für dich brauchst.
... sich selbst und seine Gefühle zu verstehen.
... nicht zu viel Wert auf dein Äußeres zu legen, wenn dabei dein Seelenleben zu kurz kommt.
... seinen eigenen Weg zu gehen; auch, wenn sich niemand findet, der einen begleitet.
... dass Einsamkeit nichts Schlechtes sein muss, sondern zu ganz besonderen Erfolgen führen kann.
... dass du dich auch in der dunkelsten Nacht schützen und wärmen kannst.

Bedenke also, dass es wichtig ist, sich über seine eigenen Bedürfnisse klar zu werden.

Gefühle:

Wenn du dich einsam fühlst, solltest du nicht verzweifeln, sondern dich fragen, wie du das ändern kannst und ob du es überhaupt ändern willst.

Du selbst:

Auch alleine kannst du deine eigenen Ziele sehr überzeugt verfolgen.

Du und andere:

Andere können dir momentan nicht helfen und stören eher.

Das Rad

Ein Rad symbolisiert, wie Kreise generell, eine abgeschlossene und gleichmäßige Einheit, sozusagen eine »runde Sache«. Damit du dich auch so ausgeglichen und innerlich komplett fühlst, musst du zwei Dinge beachten, die in diesem Bild vorkommen.

Das Rad auf dieser Karte gehörte wohl einmal zu einer Kutsche. Diese Kutsche kann jetzt, wo ihr ein Rad fehlt, nicht mehr weiterfahren. Es geht hier also darum, eine Pause zu machen und sich auszuruhen, anstatt immer weiter zu hetzen. Wirken die beiden Hexen für dich so, als ob sie spielen, oder als ob die eine die andere überfällt? Daran kannst du vielleicht sehen, wie du zu solchen Pausen stehst. Entweder siehst du sie als Chance, auch mal ausgelassen und albern zu sein, oder du siehst eher die heimtückische Gefahr, dass du zu lange entspannst und deine Aufgaben vernachlässigst.

Eine Auszeit kann entweder gut und sehr klug sein, was durch die Eule gezeigt wird, die ja ein sehr weises Tier sein soll. Sie kann aber auch eine hinterlistige Gefahr sein, so wie die Schlange unten.

Wenn du dir aber sinnvolle Pausen gönnst und danach deine Pflichten und Ziele weiter verfolgst, kann das auf dich wie zwei Hälften eines Kreises wirken, die sich zusammen perfekt ergänzen.

Bei dieser Karte kann es darum gehen,

... dass der Spaß im Leben vor lauter Anstrengung nicht vergessen werden darf. Man muss auch mal ein bisschen verrückt sein!

... seine Aufgaben nicht aus Faulheit einfach zu ignorieren.

... festzustellen, wie deine Einstellung dazu ist, eine Auszeit vom Alltagsstress zu nehmen.

... dass die positiven und die negativen Aspekte der Erholung gleich wichtig sind und gleich stark beachtet werden müssen.

Bedenke also, dass du nicht zu wenig und nicht zu viel entspannst.

Gefühle:

Deine Wünsche nach Erfolg und Ruhe sind berechtigt.

Du selbst:

Du weißt nicht, ob Gefahr oder Freude bevorsteht.

Du und andere:

Du hast vielleicht Angst, dass deine Konkurrenz dich überholen kann.

Die Stärke

Verschiedene wilde Tiere wollen dich angreifen, aber du bist vorbereitet und kannst dich verteidigen. Menschen, die gerecht handeln wollen, werden oft angegriffen. Wie wilde Tiere verstehen die Angreifer noch nicht einmal, was Menschlichkeit und Kultiviertheit bedeuten, und denken nur an sich selbst.

Doch Kultur und Tugend können starke Waffen sein. Wie die Wurzel im Bild sind sie uralt. Sie sind Werte, auf denen vieles in unserer Gesellschaft »wurzelt«. Sie geben dir Stärke für dein Handeln, weil du weißt, dass du das Richtige tust. Sie können dafür sorgen, dass andere deine Vorgehensweise unterstützen.

Vielleicht fühlst du dich genauso umstellt von mehreren Feinden wie diese Hexe. Vielleicht umgeben dich auch verschiedene Probleme, von denen du dich attackiert fühlst. Aber bei diesem Bild stellt man beim genaueren Hinsehen fest, dass die Angreifer eigentlich ziemlich klein sind und die Hexe eine wirksame Waffe in den Händen hält.

So kannst du also eine starke Verbündete haben, die dir stets tatkräftig hilft.

Bei dieser Karte kann es darum gehen,
… dass du dich von verschiedenen Menschen oder Schwierigkeiten bedrängt fühlst.
… dich auf eine schwierige Situation vorzubereiten.
… dass deine Sorgen vielleicht doch nicht so schwer zu beseitigen sind, wie es zuerst aussieht.
… nicht aufzugeben, wenn man für eine starke Sache kämpft.
… dass Stärke dir helfen kann, zu tun, was das Richtige ist.
… zu überlegen, was bei einer bestimmten Auseinandersetzung die gerechtere Lösung ist.

Bedenke also, dass Achtsamkeit eine große Hilfe sein kann.

Gefühle:

Wenn du dich bedrängt und ungerecht behandelt fühlst, kann dir die innere Festigkeit Stärke geben.

Du selbst:

Du spürst, dass etwas problematisch werden könnte, und bereitest dich vor.

Du und andere:

Manchmal sind Angriffe nicht so schlimm, wie sie zuerst erscheinen, und du kannst sie leicht abwehren.

Der Gehängte

Zwei Hexen ärgern zum Spaß die schlafende Fledermaus. Vielleicht denken sie, das Tier sei tot, weil es so leblos an dem Baum hängt, wie ein Gehängter. Wenn sie aber aufwachen sollte, könnte sie eine Gefahr für die Hexen sein, wenn man bedenkt, wie groß sie ist.

Wenn man die Karte umdreht, sieht es sogar fast so aus, als würde die Fledermaus sie schon im Sturzflug angreifen.

Wie so oft kann auch bei dieser Karte das Tier ein Symbol für das Tierähnliche im Menschen sein, für Triebe und Instinkte; für Dinge also, die der Verstand meistens nicht kontrollieren kann.

Mit Fledermäusen verbindet man generell dunkle Kräfte, beispielsweise Vampire. Die Fledermaus in diesem Bild könnte also für eine böse Kraft stehen, aber auch für das Böse, das in jedem Menschen steckt. Es kann sich auch um schlechte Eigenschaften und Angewohnheiten handeln.

Oder ist es eher so, dass du außergewöhnliche Fähigkeiten in dir wecken möchtest? Die könnten hier repräsentiert werden durch die Technik der Fledermäuse, sich im Dunkeln mit Hilfe von Ultraschall zu orientieren.

Bei dieser Karte kann es darum gehen,

... dass es falsch ist, jemanden zu ärgern, der wehrlos ist. Außerdem könnte es sich rächen.

... eine Sache völlig anders zu betrachten, indem man sie komplett umdreht. Das kann wichtige Erkenntnisse bringen.

... dass man eine bestimmte Gefahr nicht unterschätzen sollte, auch wenn es so scheint, als könnte sie einem nichts tun.

... dass man nicht leichtfertig mit seinen eigenen Trieben und Instinkten spielen sollte. Sie können außer Kontrolle geraten.

... dass besondere Fähigkeiten in dir schlummern und von dir aufgeweckt werden können.

Bedenke also, dass du dich etwas Unbekanntem, das gefährlich sein könnte, nur vorsichtig näherst.

Gefühle:

Vielleicht fühlst du dich geärgert und kurzzeitig wehrlos. Vielleicht fühlst du dich aber auch zu sicher.

Du selbst:

Es könnte tief in dir verborgene Sehnsüchte oder Fähigkeiten geben, die geweckt werden wollen.

Du und andere:

Du unterschätzt jemanden oder ärgerst dich, dass du selbst unterschätzt wirst.

Der Tod

Diese Karte muss nichts Schlimmes bedeuten. Höchstwahrscheinlich ist die Bedeutung dieser Karte für dich einfach, dass etwas zu Ende geht. Vielleicht gibt es eine Angewohnheit, die du loswerden willst. Oder du willst eine Beziehung zu jemandem beenden, die dich unglücklich macht – man sagt in solch einem Fall ja auch »Du bist für mich gestorben!«

Veränderungen sind manchmal einfach notwendig und etwas ganz Natürliches. Die Verbindung mit der Natur wird in dem Bild durch die Blüten dargestellt. Und ein Ende kann auch immer der Anfang von etwas Neuem sein. Deshalb trägt die Gestalt in diesem Bild Kekse mit sich herum, denn sie nimmt nicht nur etwas weg, sondern kann dir auch etwas geben. Mit etwas komplett abzuschließen, als wäre es tot, kann dir also auch Gewinn bringen.

Andererseits wirkt es etwas merkwürdig, dass neben den Keksen menschliche Knochen liegen. Will dir da jemand etwas Schlimmes mit ein paar Süßigkeiten schmackhaft machen? Pass auf, dass man dich nicht mit so billigen Mitteln zu einer Veränderung überredet, die du gar nicht möchtest.

Bei dieser Karte kann es darum gehen,

… dass du dich von einer Sache oder einem Menschen verabschieden solltest, wenn du sonst darunter leiden würdest.

… dass Veränderungen manchmal nicht zu vermeiden sind.

… in einer Veränderung auch das Gute zu sehen, das sie mit sich bringt.

… sich nicht bestechen zu lassen, wenn es um eine Veränderung geht, die man absolut nicht haben will.

Bedenke also, dass Veränderungen gut sein können und dass du aktiv etwas ändern kannst.

Gefühle:

Fühlst du dich zu Recht traurig oder hast du nur eine zu pessimistische Sichtweise?

Du selbst:

Du musst manchmal etwas verändern, um glücklich zu werden.

Du und andere:

Es kann sinnvoll sein, das, was man dir anbietet und von dir fordert, kritisch zu hinterfragen.

Die Mäßigkeit

Mäßigkeit bedeutet, nicht zu viel oder zu wenig zu tun, sondern den Mittelweg zu nehmen und sich an ein bestimmtes Maß zu halten. Du solltest deinen Besen also vollkommen gleichmäßig mit der magischen Substanz bestreichen. Nur auf diese Weise fliegt er so, wie er es soll. Im übertragenen Sinne bedeutet das, dass du dir auch bei den ungewöhnlichsten Plänen ein paar sinnvolle Regeln aufstellen solltest. Wenn man immer nur nach Gefühl handelt, lässt man sich zu schnell dazu hinreißen, etwas zu tun, das einem schadet. Auch wenn man die Regeln der normalen Welt brechen will wie jemand, der auf einem Besen fliegt, muss man sich genau überlegen, wie man vorgehen sollte.

Wenn du weniger tust, als nötig ist für deine Ziele, kannst du dich auch gleich wie die Eidechse unten im Bild faul hinlegen und dich den ganzen Tag nur sonnen.

Zu viel zu machen, kann aber auch schädlich sein, was durch die riesigen giftigen Fliegenpilze ausgedrückt wird. Sie sind offensichtlich völlig maßlos gewachsen und enthalten so noch mehr Gift als normale Fliegenpilze.

Bei dieser Karte kann es darum gehen,
... dass manche Regeln nützlich sein können. Wenn man absolut alle Regeln ignoriert, kann man sich leicht schaden.
... den Mut zu haben, alte Regeln zu durchbrechen und seine eigenen Regeln aufzustellen.
... weder zu viel noch zu wenig zu tun, um zu erreichen, was man sich wünscht.

Bedenke also, an welches Maß, an welche Vorgabe du dich halten willst.

Gefühle:

Das Gefühl, noch mehr zu brauchen, muss nicht immer richtig sein.

Du selbst:

Überlege dir, ob du mehr für deine Träume kämpfen musst oder ob du schon zu viel des Guten machst.

Du und andere:

Du solltest nicht einfach das Verhalten anderer übernehmen. Vielleicht ist für dich ja etwas ganz anderes das Richtige – jeder hat ein eigenes Maß.

Der Teufel

Die beiden Hexen wurden an den Felsen gekettet und sind dennoch fröhlich und ausgelassen. Wahrscheinlich haben sie gar nicht bemerkt, dass sie gefangen wurden. Von jemandem, der nichts von seiner Gefangenschaft weiß, kann man kaum erwarten, dass er ausbrechen wird. Deshalb freut sich der Teufel auch so sehr. Die Hexen sind ihm und seinen Folterinstrumenten nun ausgeliefert und wissen noch nicht einmal davon. Eine Versklavung, von der man nichts merkt, ist besonders teuflisch.

Hiermit kann unter anderem wirklich gemeint sein, dass man sich voller Freude etwas Schlechtes tut und damit für diese Zeit »vom Bösen gefangen« ist. Man kann diese Karte aber auch weniger mysteriös und drastisch deuten.

Zum Beispiel kann die Freude über eine bestimmte Sache schnell in die Sucht nach dieser Sache umschlagen. Man wird dann zum Sklaven seiner Lust, die einen immer wieder zu dieser Sache treibt.

Oder es geht um eine bestimmte falsche Denkweise, die

man nicht aufgeben kann. Man merkt es vielleicht nicht einmal, aber ist in Wahrheit durch sinnlose Tabus in einer verlogenen Sicht der Dinge gefangen. Andererseits gibt es auch sinnvolle Tabus und Regeln, die man beachten oder erst noch einführen sollte.

Bei dieser Karte kann es darum gehen,

… dass man die Gefahr, süchtig nach etwas zu werden, leicht unterschätzt.

… zu überlegen, ob man wirklich alle Aspekte einer Sache bedacht hat.

… dass es schwer sein kann, sich darüber bewusst zu werden, dass die eigene Denkart vielleicht falsch ist.

… dass Leichtgläubigkeit oft ausgenutzt wird.

Bedenke also, ob es etwas oder jemanden gibt, von dem du, ohne es zu merken, abhängig geworden bist.

Gefühle:

Du solltest es nicht ignorieren, wenn du ein schlechtes Gefühl bei einer Sache hast.

Du selbst:

Du zweifelst, ob etwas wirklich so ist, wie es dir vorher schien.

Du und andere:

Lass dir von anderen keine unsinnigen Regeln aufstellen, aber verteufle auch nicht jeden, der dich an sinnvolle Regeln erinnert.

Der Turm

Die Hexe und der Hexer wollten wohl auf den hohen Turm klettern, doch der Blitz hat sie abgehalten. Es muss sehr entmutigend sein, wenn sich einem kein menschlicher, besiegbarer Gegner in den Weg stellt, sondern gleich eine Naturgewalt. Das wirkt, als würde das Schicksal gegen einen arbeiten. Es kann hier also um einen Plan gehen, der wesentlich schwerer ist, als man gedacht hat. Die große Enttäuschung, die auf diese Erkenntnis folgt, kann einen sehr verletzen, so als würde man wie diese beiden kopfüber fallen.

Es war aber auch von Anfang an ein sehr gefährlicher Plan, bei einem Gewitter auf den Turm zu klettern, da Blitze immer in den höchsten Punkt in der Gegend einschlagen. Eine so offensichtliche Gefahr sollte man nie ignorieren.

Der Turm könnte für ein Hindernis stehen, das die beiden gemeinsam überwinden wollten. Das Gewitter drückt dann die Wahrscheinlichkeit aus, dass sie scheitern. Auch ihre Kleidung ist dabei interessant. Die Frau ist in den Farben des Bodens gekleidet, der Mann in den Farben des Himmels. Sie sind daher vielleicht zu gegensätzlich, um zusammen Erfolg zu haben. Andererseits kann es hier auch darum gehen, sich nicht zu sehr mit einem Hindernis wie dem Turm zu beschäftigen, sondern sich fallen zu lassen. Oder ist es für dich an der Zeit, dich von der Abgeschiedenheit und der Abgehobenheit zu lösen und unter Menschen zu kommen?

Bei dieser Karte kann es darum gehen,

... dass ein scheinbar leichter Plan sehr schwer oder sogar fast unmöglich ist.

... wie schwer es sein kann, zwei Gegensätze miteinander zu vereinen.

... nachzudenken, ob das, was man vorhat, Gefahren mit sich bringt.

... in der Lage zu sein, Rückschläge einzustecken, ohne gleich »umzufallen«.

... nicht ständig an ein Problem zu denken, sondern sich zu entspannen.

Bedenke also, ob du wirklich so vorgehen willst, wie du es vorhast.

Gefühle:

Du solltest bewusst damit umgehen, wenn du Angst vor einer großen Enttäuschung hast. Wenn du sie aber überwunden hast, wirst du dich sehr befreit fühlen.

Du selbst:

Wenn ein Problem zu groß ist, brauchst du auch mal Abstand davon.

Du und andere:

Gibt es eine wichtige Sache, die du doch nicht zusammen mit jemandem erledigen kannst oder willst?

Der Stern

Vielleicht hast du gerade in dem See gebadet. Es sieht fast so aus, als wärst du dabei, deine nassen Haare auszuwringen. Auf jeden Fall beobachtest du aber dein Spiegelbild im Wasser.

Es kann hier also darum gehen, sich selbst zu betrachten. Dazu passt es, dass Wasser immer auch ein Symbol für das Unbewusste ist, da man nicht sieht, was sich in der Tiefe befindet. Man kann dieses Bild so verstehen, dass du dein Seelenleben erforschst. Dabei ist es möglich, verborgene Dinge an die Oberfläche zu holen, so wie es die Katze mit dem Fisch macht. Genauso natürlich und nützlich wie ein Fischfang kann es für dich sein, über dich nachzudenken. Allerdings kann es auch sehr schwer fallen, dabei etwas Genaues zu erkennen, so als würdest du auf weit entfernte Sterne blicken.

Wenn du hier aber gerade gebadet hast, kann man die Karte auch anders interpretieren. Der Knochen könnte für das Ursprüngliche und Grundlegende stehen, da Knochen schon immer ein sehr wichtiger Teil des menschlichen Körpers waren. Auch, dass die Katze einen Fisch fängt, ist etwas sehr Natürliches. Außerdem hat die Hexe in einem natürlichen See gebadet und nicht in einer künstlichen Badewanne oder sogar in einem Whirlpool. Es ist hier also auch wichtig, sich von Überflüssigem zu befreien und sich auf das Ursprüngliche zu besinnen.

Bei dieser Karte kann es darum gehen,
… sich mit sich selbst zu beschäftigen.
… dass es sehr sinnvoll für einen sein kann, sein Unterbewusstsein zu erforschen.
… sich von etwas zu reinigen.
… daran zu denken, was wirklich wichtig ist, anstatt zu viel Zeit mit überflüssigen Dingen zu verbringen.

Bedenke also, was du tief in deinem Innersten spürst und willst.

Gefühle:

Auch deine Gefühle verdienen deine Aufmerksamkeit.

Du selbst:

Man sollte immer versuchen, sich selbst besser zu verstehen und kennen zu lernen.

Du und andere:

Was anderen sinnvoll erscheint, hältst du vielleicht für unwichtig. Du musst dann deinen eigenen Vorstellungen folgen.

Der Mond

Die beiden Hexen im Bild mögen sich anscheinend nicht sehr. Zumindest ist ihre Körperhaltung sehr angespannt. Beide haben zum Schutz große Hunde bei sich. Wie die beiden Türme ähneln sie sich zwar sehr, stehen sich aber distanziert gegenüber. Wir sehen hier also zwei Menschen, die eigentlich gar nicht so verschieden sind, aber nicht zueinander finden.

Gerade bei Vollmond kann das menschliche Gefühlsleben besonders verrückt spielen. Eventuell könnte das ja die Entfernung der beiden Hexen bewirkt haben.

Für die Auswirkungen des Mondes auf das Gemüt kann auch der Teich stehen, in dem sich der Mond widerspiegelt. Wie beispielsweise auch bei der Karte des Sterns kann hier das Wasser das Unbewusste im Menschen symbolisieren, das, was außerhalb des Sichtbaren liegt. Manche Dinge dort reichen bis zur Oberfläche hinauf, so dass man sie erkennen kann. Wenn man das tut, kann es einem Halt geben, weil man sich besser versteht. Genauso findet auch die

Kröte Halt, die auf dem tief verwurzelten Seerosenblatt sitzt.

Das erinnert an noch etwas, das der Vollmond oft mit sich bringt: Sehnsüchte, die im Unterbewusstsein verborgen waren, werden sichtbar oder treten besonders stark hervor.

Bei dieser Karte kann es darum gehen,

... zu erkennen, dass ein Streit eigentlich sinnlos war und beide Seiten überreagiert haben.

... nicht zu stark auf die Unterschiede und mehr auf die Gemeinsamkeiten zu achten. Das kann Konflikte beenden.

... dass es dir Halt geben kann, wenn du über dich selbst und vor allem dein Unterbewusstes nachdenkst.

... dass du dir über geheime Wünsche klar wirst oder sie nach langer Zeit endlich in die Tat umsetzt.

Bedenke also, dass die Gründe für die Handlungsweise eines Menschen oft verborgen sind – sogar ihm selber.

Gefühle:

Werde dir über deine Gefühle klar, auch wenn sie etwas versteckt sind.

Du selbst:

Manchmal wirst du mehr von äußeren Umständen beeinflusst, als du vielleicht denkst.

Du und andere:

Lass dich anderen gegenüber nicht zu stark von unbegründeten Gefühlen leiten. Das kann leicht unnötige Probleme schaffen.

Die Sonne

Die Sonne ist der wichtigste Himmelskörper für die Lebewesen auf der Erde. Sie gibt Wärme und Energie, kann aber auch Brände auslösen und Menschen verdursten lassen.

So ähnlich ergeht es dir hier offensichtlich. Du bist vorher ohne Probleme auf dem Esel geritten, doch auf einmal will er nicht mehr und wehrt sich, was dich sichtlich erschreckt. Allerdings ist es sehr verständlich, dass der Esel dich nicht mehr tragen will. Es sieht jedenfalls so aus, als wäre es gerade sehr heiß. Da versucht der Esel natürlich, die zusätzliche Belastung loszuwerden. So kann auch eine gute Sache schnell vergehen, wenn man sie übertreibt.

Die Sonne erhellt aber auch die Erde. Es könnte sein, dass das Sonnenlicht ein Symbol dafür ist, dass der Esel auf einmal klar sehen kann, was mit ihm passiert: Er wird ausgenutzt. Es gibt ja auch die Redewendung »zum Esel gemacht«, also getäuscht zu werden. Dagegen möchte er sich jetzt wehren. Dich überrascht das, weil du davon ausgegangen bist, dass der Esel dich gerne trägt. Du wolltest ihn bestimmt nicht zwingen, was man daran erkennen kann, dass du keine Hilfsmittel dafür bei dir hast. Aber manchmal sieht man die Dinge einfach anders, wenn man sie »bei Licht betrachtet«.

Bei dieser Karte kann es darum gehen,

... etwas nicht zu übertreiben – auch gute Dinge haben eine Grenze.

... dass eine plötzliche Änderung der Lage vielleicht vorauszusehen war oder ist.

... dass jemand sich eventuell von dir ausgenutzt fühlt, ohne dass du es wolltest. Oder wirst du ausgenutzt?

... eine Sache nicht im Dunkeln zu lassen und zu ignorieren, sondern alle Aspekte zu durchleuchten.

Bedenke also, dass es dir viel Ärger ersparen kann, dich gedanklich schon im Voraus mit etwas zu beschäftigen.

Gefühle:

Fühlst du dich eher benutzt wie der Esel oder eher wie die Hexe, die jemanden benutzt hat?

Du selbst:

Vielleicht musst du deine Verhaltensweise ändern, um weiter zu kommen.

Du und andere:

Es kann erleichternd sein, sich auf andere zu verlassen, aber es kann auch Ärger bringen.

Gericht

Die drei Gestalten auf dem Bild wollen wahrscheinlich die verschiedenen Zutaten in dem Behälter vermischen. Vielleicht wollen sie durch diese Mixtur zu einem bestimmten Urteil über etwas kommen. Zum Beispiel, indem sie die Formen deuten, wie Wahrsager es tun. Oder sie wollen eine magische Kraft beschwören, um so eine Entscheidung fällen zu können.

So gesehen zeigt sich hier, wie die öffentliche Meinung entsteht, die ja für viele wie ein Gericht ist, das man nicht anzweifeln kann. Jeder trägt einen kleinen Teil dazu bei, wie das allgemeine Urteil ausfällt – so wie auf dieser Karte jeder mit einer Zutat oder einem Gerät etwas zur Mischung vom Endergebnis beiträgt.

Allerdings ist die Schüssel in der Mitte viel größer als nötig. Sie sieht auch ein bisschen wie ein zu großes Nest aus, das eventuell dem Raben oben im Bild geklaut wurde. Nester sind aber nicht wasserdicht, die flüssigen Zutaten sickern hier also durch.

All das bedeutet Verschiedenes. So wie bei dem riesigen Nest auf dieser Karte übertreiben die Leute beim Tratschen oft maßlos. Sie sind auch oft sehr ungerecht, wie jemand, der einem Vogel sein Nest klaut. Und manche wichtigen Argumente werden schnell wieder vergessen, wie eine Flüssigkeit, die in einem Nest sofort verrinnt.

Bei dieser Karte kann es darum gehen,
... den Argumenten und Informationen anderer zuzuhören, da man alleine vielleicht nicht darauf kommen würde.
... sich klar zu machen, dass das, was scheinbar alle sagen, nicht unbedingt stimmen muss und auf einer falschen Argumentation beruhen kann.
... dass du dafür sorgst, dass deine Sicht der Dinge nicht untergeht, sondern beachtet wird. So kannst du allgemeine Auffassungen positiv beeinflussen.

Bedenke also, dass du die Überzeugungen von anderen Menschen kritisch beobachten solltest.

Gefühle:

Denke gut nach, bis du weißt, wie du etwas oder jemanden beurteilen sollst.

Du selbst:

Pass auf, dass dir bei einer Überlegung etwas Wichtiges nicht einfach entgeht.

Du und andere:

Glaubst du, dass du zu viel oder zu wenig Wert auf das legst, was andere zu sagen haben?

Das Universum

Vor all diesen Insekten ekelt man sich normalerweise oder empfindet sie mindestens als störend. Doch du tanzt in ihrer Mitte fröhlich herum. Wenn man sie und die Pilze betrachtet, stellt man fest, dass du wohl geschrumpft bist. Du siehst die Welt aus Insektensicht und merkst, dass diese Geschöpfe des Universums auch einfach nur ihr Leben leben wollen. Es geht hier also um Rücksichtnahme und Verständnis.

Auch Verbundenheit mit der Natur ist hier wichtig, vor allem zu deiner eigenen Natur. Wenn dein Leben noch so modern ist, wie es bei der Hexe in diesem Bild der Fall ist, musst du trotzdem auf deine Natur, auf deine natürliche Art achten. Manche würden kleine Macken, die von dem abweichen, was allgemein als »hübsch« angesehen wird, sofort wie Insekten zerschlagen.

Du aber weißt, dass etwas in deiner Seele, das zu dir gehört und niemandem schadet, nicht zerstört werden muss. Solange es keine negativen Folgen hat, auch nicht für dich, und solange du dich damit so glücklich fühlst wie auf diesem Bild, musst du es nicht ändern, nur weil andere das tun würden.

Achte aber auch darauf, dass du deine Augen nicht immer verschließt wie auf diesem Bild – sonst merkst du nicht, ob du umgeben bist von Menschen und Sachen, die du eigentlich nicht magst.

Bei dieser Karte kann es darum gehen,

… die Dinge aus einer anderen Perspektive zu betrachten, um andere besser zu verstehen.

… dich nicht nur deshalb zu ändern, weil andere dir das sagen. Jeder Mensch ist wie ein eigener Kosmos, in dem alles, was keinem schadet, seine Berechtigung hat.

… seine Umgebung mit offenen Augen zu beobachten und sie nicht traumtänzerisch zu ignorieren. Sonst verpasst du Interessantes, aber auch Bedrohungen.

Bedenke also, dass du immer du selbst bleibst.

Gefühle:

Hast du Freude oder Angst bei ungewöhnlichen Dingen wie der Situation auf dieser Karte?

Du selbst:

Wähle bewusst deine Lebensweise und behalte sie auch unter Druck von anderen bei.

Du und andere:

Auch wenn es manchmal schwer ist, solltest du versuchen, andere zu verstehen und zu respektieren.

Flammen

Feuer · Feuerstelle · Feuerzeug · Herd · Brand · Sonne
Kerze · Laterne · Lagerfeuer · Feuerprobe · Leuchtturm
Irrlicht · Rauch · Schlacke · Asche und Phönix aus der Asche

Flammen

Feuer und Flamme · Begeisterung · Triebe · Motive
Interessen · Wille · Fegefeuer · Feuer der Verwandlung
Entschlossenheit

Ass der Flammen

Der Kreis der Hexe

Die Flammen sind ein Zeichen für Licht und Wärme. Im übertragenen Sinne symbolisieren sie alles, für das du »Feuer und Flamme« bist – also deine Idole, Ideale. Überhaupt die »Highlights« deines Lebens. Das erste Zauberwort bei dieser Karte heißt daher Begeisterung. Das zweite Zauberwort lautet: Kontinuität. Die Dinge, die dich langfristig begeistern, haben am meisten Power.

Von Zeit zu Zeit muss man das Alte hinter sich zurücklassen und neu bestimmen, wofür man sich begeistert. Auch darum geht es bei dieser Karte. Der Kreis bewirkt, dass du dich ganz und gar auf den jetzigen Augenblick konzentrierst. Lass dich nicht von Erinnerungen oder Erwartungen ablenken. Was zählt, ist allein die Gegenwart.

Du kannst diesen Kreis aus Steinen errichten, aber auch aus einer unsichtbaren Wand, die du in deiner Vorstellung um dich herum einrichtest. Gehe dann in die Mitte. Atme zehnmal tief ein und aus. Dann sage: »So, jetzt komme ich …«, und dann formuliere, was dir in diesem Augenblick in den Sinn kommt. – Merke es dir, und handle damit.

Bei dieser Karte kann es darum gehen,
… dass du Lust auf etwas Neues bekommst.
… dass du dich für etwas begeisterst.
… dass du alten Ballast hinter dir zurücklässt.
… dass du eine Sache selbst in die Hand nimmst.

Bedenke also, dass du etwas tun musst – und darfst – für dein Glück.

Gefühle:

Neue Abenteuer erwarten dich.

Du selbst:

Hüte dich vor Kurzschluss-Handlungen.

Du und andere:

Suche die Aufgaben, an den du wachsen kannst.

2 Flammen

Hexenkämpfe

Eine Situation des Kampfs, der Auseinandersetzung. Es kann ernst sein, es kann Spiel sein. Erbitterte Feindschaft oder spielerische Freundschaft!

Der entscheidende Punkt ist, dass du weißt, was du tust. Damit kannst du sinnvolle Auseinandersetzungen von sinnlosen Streits unterscheiden. Dann kannst du deinen eigenen Rhythmus finden und bestimmen, wann du am besten angreifst und wann du dich am besten zurückziehst.

Viele Streits wiederholen sich, weil dir nicht klar ist, was du willst. Manche Streits sind zwar unangenehm, sie zeigen dir aber im Endeffekt, was jetzt für dich stimmt.

Kurz, du brauchst Auseinandersetzungen weder zu fürchten, noch heraufzubeschwören. Entscheidend ist eben, dass du weißt, was du tust.

Bei dieser Karte kann es darum gehen,

… dass du deine Position verteidigst.
… dass du für sinnvolle Ziele kämpfst
und eine Kampagne startest.
… dass du dich von jemandem trennst.
… dass du dich mit jemandem versöhnst.

Bedenke also, dass die Entscheidung bei dir liegt.

Gefühle:

Zorn und Wut können sehr wertvolle Gefühle sein.

Du selbst:

Sei hart in der Sache (wenn es um deine Interessen geht), aber verlier nicht den Respekt vor anderen.

Du und andere:

Prüfe, ob du selber erfüllst, was du von anderen forderst.

3 Flammen

Hexe im Licht

Wow, du versprühst so viel Power, dass du manchmal abhebst! Bei dieser Karte geht es darum, »große Sprünge« zu machen. Das bedeutet, sich Außergewöhnliches vorzunehmen und durchzuführen.

Das zweite große Thema dieses Bildes ist die Sache mit Stärke und Schwäche. Die Hexe wirkt sehr stark und überlegen, im Verhältnis dazu der Hexer auf der Kröte eher klein, zwar freundlich, aber vergleichsweise schwach. Wie gehst du in deinem Leben mit Stärken und Schwächen um?

Akzeptierst du deine Stärken, oder versuchst du dich an ein Mittelmaß anzupassen? Hast du Verständnis für deine Schwächen, oder verzeihst du dir manche Fehler nicht? Und wie hältst du es mit den Stärken und Schwächen der anderen?

Es ist total wichtig, (fremde) Stärken und (eigene) Schwächen nicht prinzipiell abzulehnen. Sonst splittet man die vorhandenen Energien von vornherein in Bruchstücke auf.

Bei dieser Karte kann es darum gehen,
… dass du große Schritte zu großen Zielen machst.
… dass du Fehler verzeihst.
… dass du dich mit eigenen oder fremden Schwächen versöhnst.
… dass du deine Stärken voll zur Geltung bringst.

Bedenke also, dass es jetzt Zeit für deinen Auftritt ist.

Gefühle:

Mach dich bereit für völlig neue Erfahrungen.

Du selbst:

Vergiss nicht, woher du kommst. Aber mach dich jetzt auf in ein Leben, das du bisher noch nicht kanntest.

Du und andere:

Bevor du etwas Neues beginnst, schließe das Alte ab.

4 Flammen

Eile mit Weile

Wer viel vor hat, muss auch mal Pause machen. Das Feuer der Leidenschaft hat dich erschöpft. Oder es wird dich aus der Erschöpfung wieder herausführen.

Manchmal warnt die Karte davor, dass man vom Glück immer nur träumt und es dadurch verpasst. Manchmal bedeutet sie auch, dass du dich überfordert fühlst. Aber meistens geht es hier darum, sich seine Schritte einzuteilen. Du bist dafür verantwortlich, im richtigen Rhythmus Anstrengung und Entspannung abzuwechseln. So brennt dein Feuer, deine Power am längsten.

Bei dieser Karte kann es darum gehen,
... sich seine Aufgaben gut einzuteilen.
... jetzt eine Pause einzulegen.
... jetzt wach zu werden und aufzustehen.
... in sich selbst zu ruhen – im Wachsein und im Schlaf.

Bedenke also, dass du dich nicht verschleißt.

Gefühle:

Mach dir es nicht unnötig schwer.

Du selbst:

Du musst jetzt den Fuß vom Gas nehmen, wenn du besser vorankommen willst.

Du und andere:

Lass dich und andere jetzt in Ruhe.

5 Flammen

»Bock haben«

Tu, worauf du »Bock« hast. Aber mach nicht den Bock zum Gärtner. Das heißt, vertraue nicht dem Falschen.

Dinge, von denen du schon lange schwärmst, von denen du träumst, werden nun Wirklichkeit. Manch schöner Traum kann sich jetzt erfüllen. Und manche Seifenblase wird jetzt zerplatzen. So oder so hast du gewonnen.

Es ist gut, wenn Illusionen verloren gehen, und es ist natürlich toll, wenn schöne Träume Wirklichkeit werden. Du musst nur genau hinschauen!

Bei dieser Karte kann es darum gehen,

... dass du Wunsch und Wirklichkeit besser unterscheiden kannst.

... dass du auf den Punkt kommst, was du wirklich willst.

... dass du dich auch traust, das zu tun.

... dass du einem Schwindel auf die Schliche kommst.

Bedenke also, dass du dich mit neuen Erfahrungen auseinander setzen musst.

Gefühle:

Sei optimistisch und bleibe kritisch.

Du selbst:

Trau dich, habe keine Angst vor deinen Wünschen!

Du und andere:

Prüfe die Absichten aller Beteiligten.

6 Flammen
Neue Kleider

Du ziehst dich um. Du gestaltest deine Erscheinung, dein Image neu. Das ist gut so, denn vieles in deinem Leben hat sich gewandelt, und es ist Zeit für einen neuen Auftritt.

Oder bist du eine, die an Äußerlichkeiten klebt? Dann kann dir die Karte sagen: Schau dich einmal nackt an. Guck der Wahrheit ins Gesicht. Verzeihe dir und liebe dich, weil du toll bist, nicht nur wegen der Sachen, die du hast.

Die Tiere helfen dir, und so kannst du dich auch mehr auf das besinnen, was für dich natürlich ist.

Bei dieser Karte kann es darum gehen,
... dass du dich selber akzeptierst.
... dass du dich oder andere nicht wegen verschiedener Äußerlichkeiten liebst.
... dass du dein Auftreten veränderst.
... dass du dich nicht verbirgst oder versteckst.

Bedenke also, dass du schön und stark bist – und das auch den anderen zeigst.

Gefühle:

Lass dein Licht leuchten. Du brauchst dich nicht zu fürchten.

Du selbst:

Stell dich auf Veränderungen ein.

Du und andere:

Komm aus dir heraus; zeige, wer du bist und was du brauchst.

7 Flammen
Spiegel und Kugel

Ein starkes Bild für die Aufgaben einer Freundschaft: Die Kugel steht irgendwie für die innere Mitte. Man lässt den anderen in sein Wesen schauen. Und zugleich hält man dem anderen auch den Spiegel vor. Manchmal bist du dabei sehr erleichtert, weil du dein Herz ausschütten kannst. Manchmal ist es nicht so erfreulich, weil dir eher unangenehme Erfahrungen oder Eigenschaften zurückgespiegelt werden.

Dennoch führt dieser Austausch dazu, dass eine Beziehung Bestand bekommt. Die Freundschaft bekommt Nahrung (wie die Kekse auf dem Boden). Und das Feuer ist kein Strohfeuer, das schnell wieder erlischt, sondern es ist behütet (wie in dem Steinkreis in dem Bild) und brennt lange.

Bei dieser Karte kann es darum gehen,

... dass du bereit bist, in Freundschaften etwas zu investieren.

... dass du anderen Einblick in persönliche Dinge gewährst.

... dass du bereit zu Kritik und Selbstkritik bist.

... dass du Spaß daran hast, jemanden intensiver kennen zu lernen.

Bedenke also, dass eine Freundschaft wie ein Spiegel ist: Man kriegt so viel raus, wie man hineingibt.

Gefühle:

Intensiver Austausch erhöht das Knistern der Beziehung.

Du selbst:

Freue dich, dass du viel zu geben hast.

Du und andere:

Keine Angst – vor Gesprächen, Offenbarungen, Reibereien, Auseinandersetzungen und selbst vor vorübergehenden Missverständnissen. All das ist weniger ein Problem für dich als vielmehr Nahrung für eure Freundschaft.

8 Flammen
Verwandlung

Viele Karten in diesem Deck spielen an auf das Motiv vom verzauberten Prinzen, der sich im Frosch verbirgt. Hier wird es besonders deutlich. Im Märchen ist es ja so, dass die Königstochter durch ihren Widerstand den Prinz erlöst.

Sie schmeißt den Frosch gegen die Wand. Das löst die Wandlung aus. Hier im Bild sieht es mehr so aus, als ginge der Hexe plötzlich ein Licht auf. Und was vorher wie eine Kröte oder ein Frosch aussah, entpuppt sich nun als interessanter Junge.

Im Prinzip geht es hier nicht darum, an Wunder zu glauben, sondern zu verstehen, dass die wahren Schätze eines Menschen manchmal hinter einem befremdlichen Erscheinungsbild verborgen sein können. Die große Erleuchtung besteht darin, zu verstehen, wie jemand wirklich ist. Manche Kröte erweist sich dann eben als Prinz, und umgekehrt entpuppt sich mancher edle Held als dummer Frosch.

Bei dieser Karte kann es darum gehen,
... dass dir ein Licht aufgeht.
... dass du hinter die Kulissen blickst.
... dass du dich oder jemand anderen neu entdeckst.
... dass du durch dein genaues Hinschauen die Dinge änderst.

Bedenke also, dass du der Wahrheit auf den Grund gehen kannst.

Gefühle:

Es ist gut, die ganze Wahrheit zu wissen.

Du selbst:

Verwandle dich. Zeig, was du kannst. Nutze deine vielen Möglichkeiten.

Du und andere:

Spiele und kämpfe mit den anderen!

9 Flammen

Wissen und Einsicht

Lesen und Lernen bedeutet, nicht nur die eigenen Erfahrungen zu machen. Du kannst von den Erfahrungen aus vielen Leben profitieren! Es geht hier um Einsichten, die dein Leben erleichtern. Und sinnvoller machen.

Darum verzettle dich nicht. Finde und lerne, was du brauchst.

Mach einen Entwurf und finde deinen Platz, wo du deinen Beitrag leisten kannst.

Bei dieser Karte kann es darum gehen,
… dass du neue Einsichten gewinnst.
… dass du deine Verantwortung für die Gesamtheit spürst.
… dass du den roten Faden im Studium nicht verlierst.
… dass du mit deinem Wissen etwas Sinnvolles tust.

Bedenke also, dass du von den Erfahrungen vieler anderer profitieren kannst.

Gefühle:

Sei liebevoll und gründlich in deinen Untersuchungen.

Du selbst:

Fang an, dein Wissen in die Praxis umzusetzen.

Du und andere:

Erkläre deine Ansichten!

10 Flammen

Belohnungen

Manche fühlen sich durch dieses Bild an Weihnachten (Weihnachtsgebäck) oder einen Geburtstag erinnert. Aber es geht generell um Süßigkeiten. Sie stehen im positiven Sinne für den Lohn vielfältiger Anstrengungen. Im negativen Sinne warnen sie vor einer Naschsucht und davor, dass man wichtige Aufgaben vernachlässigt.

Flammen spenden nicht nur Energie, Licht und Wärme, sie symbolisieren im Tarot auch das Feuer der Begeisterung und die Kraft der Leidenschaften. Manchen erscheint das seltsam: Man muss sich große Aufgaben aussuchen – überschaubar genug, so dass man sie schaffen kann; groß und langwierig genug, so dass man lange Zeit daran arbeiten kann. Solche große Aufgaben fordern uns am meisten heraus und fördern Begeisterung und Leidenschaft am nachhaltigsten!

Genieße also die Belohnung und verpass deine großen Aufgaben nicht.

Bei dieser Karte kann es darum gehen,
… die Früchte vergangener Anstrengungen zu ernten.
… zu feiern und dabei neue Pläne zu schmieden.
… viele Einzelheiten zusammenzutragen, um daraus etwas Großes zu machen.
… im täglichen Kleinkram die größeren Ziele nicht zu vergessen.

Bedenke also, dass Aufgaben gut und nötig sind, um die eigene Power zu entfalten.

Gefühle:

Es tut gut, zu ernten!

Du selbst:

Lass dich nicht mit Kleinigkeiten abspeisen.

Du und andere:

Finde die richtigen Partner für langfristige Ziele.

Fest
(Prinzessin/Page)
der Flammen
Beltane-Fest

Du weißt das Leben zu genießen und die Gunst der Stunde zu nutzen. Der Himmel ist voller Blüten. Und zugleich zeigt sich an den Blüten auch, wie gründlich du oder ihr das Fest vorbereitet habt.

Genau darauf kommt es an: die Freuden des Augenblicks und die geschickte Vorbereitung. Beides zusammen bringt es! So brennen die Flammen, so wird das Feuer gepflegt und erhalten.

Bei dieser Karte kann es darum gehen,
… dass du ein Fest vorbereitest.
… dass du dich auf ein Fest besonders einlässt.
… dass du der Freude und Lust bewusst einen Raum schaffst.
… dass du für dein Glück etwas tust.

Bedenke also, dass es vielleicht erst einmal gar nichts zu bedenken gibt.

Gefühle:

Bau auf deine Intuition.

Du selbst:

Öffne dich für gute Gelegenheiten und neue Situationen. Greif zu!

Du und andere:

Heraus aus der Routine!

Mond
(Ritter)
der Flammen
Zunehmender Mond

Viel ist in Bewegung. Du findest Begleitung. Und du kannst viele Menschen bewegen. Freue dich und genieße die action.

Eine gute Karte für Unternehmungen, gemeinsame Projekte und Abenteuer im Alltag.

Aber auch eine Karte, die vor Naivität und Blauäugigkeit warnt.

Alles steht und fällt mit den Motiven, den Zielen der Reise!

Bei dieser Karte kann es darum gehen,
… gemeinsame Unternehmungen zu starten.
… sich große Ziele vorzunehmen.
… mit Begeisterung und Mut spannende Abenteuer zu bestehen.
… sich vor einer sentimentalen oder naiven Romantik zu schützen.

Bedenke also, dass du klare Ziele brauchst.

Gefühle:

Eine Zeit der Hochenergien!

Du selbst:

Auch wenn es hoch hergeht, wirst du den Überblick behalten.

Du und andere:

Jetzt gemeinsam die Welt erobern!

Göttin
(Königin)
der Flammen
Die germanische Göttin Holdar

Die Göttin trägt einen Hexenhut und zeigt sich hier als Spinnerin. Die Warnung ist klar: Hör auf, herumzuspinnen! Aber die positive Bedeutung? Da steht der Faden, den sie spinnt, für den Lebensfaden, für den roten Faden in deinem Leben. Das bedeutet das Gegenteil von Verzettelung.

Der rote Faden ist das, was die unterschiedlichsten Episoden deines Lebens zusammenhält und ihnen einen gemeinsamen Sinn verleiht. Zieh die Summe aus deinen Erfahrungen und lege dir Rechenschaft über deine Motive und wichtigsten Ziele ab.

Bei dieser Karte kann es darum gehen,

… wieder vernünftig zu werden.

… dass du den Zusammenhang ganz verschiedener Lebensabschnitte für dich persönlich verstehst.

… dass du deine Lebensgeschichte weiter spinnst.

… dass du deinen Lebensweg selbst bestimmst – und nicht andere.

Bedenke also, dass du die Fäden in der Hand behältst, wenn es um dich und deine Person gehst.

Gefühle:

Du bist die Königin deines Lebens – wer sonst?!

Du selbst:

Schreibe Tagebuch, schau dir Erinnerungsstücke an, besuche alte Plätze oder höre alte Lieder: Verstehe, was dich damals bewegte und was heute.

Du und andere:

Hüte dich vor Spinnern.

Prüfung
(König)
der Flammen
Gegenwind

Es sieht nach Hagel aus, was den Hexen im Bild entgegenfliegt. Aber die beiden halten Kurs. Sie stellen sich den Schwierigkeiten.

Der Wert deiner Entschlüsse, deiner Begeisterung und deiner Ziele zeigt sich ganz besonders dann, wenn sich Schwierigkeiten auftun. Du hast ein Licht bei dir, und das gibt dir die Möglichkeit, Einzelaspekte neu zu beleuchten. Vielleicht musst du neue Konsequenzen ziehen. Auf jeden Fall musst du dich jetzt konzentrieren und voll und ganz in deine Projekte hineinbegeben. Dann wird der Erfolg dir sicher sein.

Bei dieser Karte kann es darum gehen,

... dass du dich von Schwierigkeiten nicht überraschen lässt.

... dass du dich von Schwierigkeiten nicht allzu sehr beeindrucken lässt.

... dass du dir deine Ziele und Interessen noch einmal genau anschaust.

... dass du standhaft bleibst, ohne gewaltsam oder krampfhaft vorzugehen.

Bedenke also, dass diese Schwierigkeiten dich nicht wirklich aufhalten werden.

Gefühle:

Nimm eine neutrale Haltung ein.

Du selbst:

Ärgere dich nicht und verkrampfe dich nicht.
Setze dich voll und ganz ein.

Du und andere:

Lass dir von niemandem die Schuld zuschieben.
Und mach andere nicht zum Sündenbock.

Kessel

Miraculix, der den Zaubertrank zubereitet, immer wenn es spannend wird, und Obelix, der als Kind in den Zaubertrank fiel und deshalb nun leider nichts mehr davon abbekommt
Harry P.: Zaubertrank-Unterricht bei Snape
Werner: »Das muss kesseln!«
Pokale, Töpfe, Schalen, Krüge, Kelche, Vasen, Gefäße aller Art

Kessel

Wasser · Gefühle · seelische Empfindungen · persönliche, innere Bedürfnisse · Wünsche · Ängste · Träume · Glauben

Ass der Kessel

Der Kuss

Kessel enthalten meistens Flüssigkeiten oder Tränke und stehen deshalb im Tarot für Wasser als eins der vier Elemente, aber auch für die Gefühle, die man in sich wie in einem Kessel trägt.

Du schöpfst aus deinem Kessel reichlich Spaghetti. Das könnte bedeuten, dass du reichlich Gefühle hast, die du aus deinem Inneren holst und jemandem zeigen willst. Auf dem Bild scheint es so, als ob du die Kröte mit den Nudeln füttern willst. Aber ein Tier, das daran gewöhnt ist, Fliegen zu essen, weiß das vielleicht nicht unbedingt zu schätzen. So ähnlich kann es passieren, dass jemand, dem du deine Gefühle zeigst, nicht so erfreut und rücksichtsvoll darauf reagiert, wie du hoffst.

Vielleicht ist es aber so, dass du die Kröte nur deshalb küssen willst, weil sie wie im Märchen ein verzauberter Prinz ist. Die Spaghetti könnten dann nicht alltägliche Gefühle bedeuten, die du hast, weil du jemanden sehr magst und ihn trotzdem noch ändern, sozusagen verwandeln willst. Ob dir das mit dieser Kröte gelingen wird, kann man auf diesem Bild noch nicht sehen.

Bei dieser Karte kann es darum gehen,

... dass du nicht versuchen solltest, jemandem deine Gefühle aufzudrängen, der sie gar nicht verstehen kann. Das verletzt dich nur.

... zu ungewöhnlichen Gefühlen zu stehen.

... in einem innerlich oder äußerlich scheinbar hässlichen Menschen das Gute zu sehen.

... dass man einen Menschen, den man liebt, so akzeptieren sollte, wie er ist. Zu versuchen, ihn zu »verbessern«, klappt selten und ist vor allem nicht sehr ehrlich ihm gegenüber.

Bedenke also, wie es in einem Menschen aussieht, bevor du ihm deine Gefühle zeigst.

Gefühle:

Manchmal treiben die Gefühle einen zu sehr merkwürdigen Menschen und Taten.

Du selbst:

Du solltest dich nicht jedem sofort anvertrauen, damit kannst du dir sehr wehtun.

Du und andere:

Die inneren Werte eines Menschen lassen dich erkennen, ob du Zeit mit ihm verbringen willst oder ob das Verschwendung wäre.

2 Kessel
Hexen-Segen

Vielen wäre wohl die Katze oder die Eule sympathischer, aber du gibst der Ratte etwas von der Milch in deinem Kessel ab. Vielleicht hast du daran gedacht, dass Mäuse und Ratten oft von Eulen und Katzen gefangen werden. Da der Kessel für seelische Bedürfnisse steht, kann das heißen, dass deine Gefühle dir sagen, dass du Schwächeren helfen sollst. Diese liebevolle Einstellung könnte auch das herzförmige Loch in deinem Oberteil symbolisieren.

Mit einer Wegkreuzung verbindet man, dass man sich für eine bestimmte Richtung entscheidet. Du hast dich offensichtlich für einen Weg mit sehr viel Mitgefühl entschieden.

Man kann das Bild aber auch anders deuten. Denn Ratten können auch viele Krankheitserreger übertragen und waren früher manchmal eine echte Gefahr für die Menschen, denen sie die Vorräte wegfraßen. Du würdest demnach also deine gefühlvolle Hilfe jemandem zuteil werden lassen, der gefährlich sein kann und oft ein rücksichtsloser Schmarotzer ist. Im Gegensatz dazu wäre die Eule der Sage nach ein sehr kluges Tier und die Hauskatze ein treues, liebesbedürftiges Tier. Achte also darauf, dass deine Hilfe und dein Mitgefühl jemand bekommt, der es auch wirklich verdient hat. Es gibt nämlich verschiedene Wege, die du gehen kannst, wie dir die Kreuzung im Bild zeigt.

Bei dieser Karte kann es darum gehen,
... dass vielleicht jemand hilfsbedürftig ist, der auf den ersten Blick eher abschreckend wirkt.
... Mitleid mit Schwächeren zu haben und ihnen zu helfen.
... dass du aufpassen musst, dass du nicht angeblich Schwächeren hilfst, die dich in Wahrheit ausnutzen wollen.
... dass du deine Gefühle nicht an die Falschen verschenkst.

Bedenke also, dass es nicht sofort klar sein muss, wer deine Liebe und deine Unterstützung verdient hat.

Gefühle:

Deine Gefühle ziehen dich zu den Schwachen, du willst ihnen helfen. Da kann es passieren, dass manche sich fälschlich schwach stellen.

Du selbst:

Verlass dich nicht nur auf dein Gefühl, wenn du dich entscheidest, welchen Weg du im Leben gehen willst.

Du und andere:

Findest du, dass deine Gefühle von den anderen genug beachtet werden?

3 Kessel

Hexen-Liebkosungen

Das Pärchen auf dem Bild scheint recht glücklich zu sein. Die Hexe will ihrem Freund gerade etwas aus dem Kessel anbieten, vielleicht etwas, das sie zusammen nach einem Rezept aus dem Buch gekocht haben, das der Junge unterm Arm hält. Der Inhalt eines Kessels symbolisiert auch den »Inhalt« eines Menschen, also seine Gefühle. Daher ist hier wahrscheinlich gemeint, dass die beiden ihre Gefühle miteinander teilen.

Allerdings wirkt das Mädchen dabei viel aktiver, während der Junge sich füttern lässt und dabei auch etwas abgelenkt aussieht. Das Buch, das er hat, muss ja auch nichts mit dem Inhalt des Kessels zu tun haben.

Glaubst du, dass die beiden zusammen gekocht haben oder dass der Junge hier nichts dazu beigetragen hat? Und mit wem von beiden identifizierst du dich eher? Das kann viel darüber aussagen, wie du deine Rolle in einer Liebesbeziehung oder in einer Freundschaft siehst.

Die Tiere auf dem Boden, die das fressen, was aus dem Kessel ausgelaufen ist, könnten für Menschen stehen, die sich für deine Gefühle interessieren. Dass sie als Tiere dargestellt sind, bedeutet, dass du sie nicht besonders beachtest. Pass also auf, dass du wegen deiner Beziehung die Menschen, denen du wichtig bist, nicht vernachlässigst.

Bei dieser Karte kann es darum gehen,

... eine glückliche Beziehung bewusst zu genießen.

... dass es wichtig für deine Beziehungen zu anderen Menschen sein kann, dass man offen über seine Gefühle redet.

... ob du dich selbst als sehr aufopfernd oder sehr faul empfindest und ob du jemanden für zu passiv hältst.

... dass jeder möchte, dass Hingabe und Zuneigung auch gewürdigt werden.

... dass du Menschen, die für dich wichtig sind, nicht vergessen solltest, nur weil du gerade anderes zu tun hast.

Bedenke also, ob jemand, vielleicht du selbst, deinem Empfinden nach zu wenig Dank zeigt.

Gefühle:

Wer interessiert sich für deine Gefühle und wer tut bloß so?

Du selbst:

Denkst du, du solltest für jemanden bestimmten weniger oder mehr machen?

Du und andere:

Manchmal musst du entscheiden, wer dir wichtiger ist.

4 Kessel

Zu Tisch/Party

Die Szene auf dieser Karte sieht sehr entspannt und fröhlich aus. Da die Reihe der Kessel vor allem davon handelt, wie man mit seinen Gefühlen umgeht, kann man hier die Aufforderung sehen, seine Gefühle mit Freunden zu teilen, um glücklich zu werden. Andere können dir bei deinen Problemen helfen oder dir einfach nur das Gefühl geben, verstanden zu werden.

Es irritiert aber ein bisschen, dass der Esel und der Bock auf ihren Rücken Tabletts mit Kelchen tragen. Normalerweise müsste doch so viel Balance unmöglich für die von Trieben gesteuerten Tiere sein. Trotzdem haben diese beiden es irgendwie geschafft.

Die Kelche auf ihren Rücken könnte man als weitere, kleinere Kessel verstehen, die daher auch Gefühle symbolisieren, wenn auch nur »kleine«, unscheinbare Gefühle.

Das bedeutet, dass wir die Gefühle, auf die uns das Tier in uns, also das Unterbewusste, aufmerksam macht, nicht ignorieren sollten.

Bei dieser Karte kann es darum gehen,

… dass jeder Mensch das Bedürfnis hat, seine Gefühle anderen mitzuteilen. Also keine falsche Scheu, wozu hat man denn Freunde!

… es anzunehmen, wenn jemand mit dir über seine Gefühle reden will. Das ist ein großer Vertrauensbeweis.

… dass du dich auch mit Gefühlen auseinander setzt, die du vergessen wolltest, aber die dein Unterbewusstsein immer wieder ans Tageslicht bringt.

… dass auch Kleinigkeiten für eine gute Stimmung wichtig sind.

Bedenke also, dass es wichtig ist, mit seinen Gefühlen offen umzugehen.

Gefühle:

Manchmal sind bestimmte Gefühle doch nicht so unwichtig, wie man es sich erst einredet.

Du selbst:

Dinge, die du verdrängen willst, können jederzeit wiederkehren. Sei ehrlich zu dir und mach dir bewusst Gedanken über das, was dich bewegt.

Du und andere:

Ein ehrlicher, direkter Umgang mit deinen Freunden ist sehr wünschenswert. Aber was willst du ihnen lieber verschweigen? Ist das sinnvoll?

5 Kessel

Schminktisch

Du sitzt auf einem Kessel, während du dich schminkst. Wie bei allen anderen Karten der Kessel steht auch hier der Kessel als Vertreter des Elementes Wasser für emotionale Bedürfnisse. So gesehen stützt du dich auf deine Gefühle, während du deine äußere Erscheinung pflegst. Das kann bedeuten, dass ein schönes Äußeres, wozu auch dein Auftreten und deine Ausstrahlung zählen, sich darauf stützt, mit seinen Gefühlen im Reinen zu sein. Wenn das der Fall ist, geht alles andere wie von alleine, was du an dem Vogel siehst, der dir ganz unverhofft eine Kette schenkt.

Aber auch das Gegenteil davon kann man in diesem Bild entdecken. Vielleicht bist du ja so sehr mit deinem Äußeren beschäftigt und machst dir so viele Gedanken, wie du auf andere wirkst, dass du ganz vergisst, dich um deine Gefühle zu kümmern. Schließlich hat die Hexe auf diesem Bild dem Kessel den Rücken zugewandt und beachtet ihn kaum. Deine Gefühle sollten dir aber wichtiger sein, als dass jemand dich mag, der seine Freiheit so sehr liebt wie ein Vogel, der wahrscheinlich bald wieder weggeflogen ist.

Bei dieser Karte kann es darum gehen,

… dass du umso positiver und umwerfender wirkst, wenn du deine gefühlsmäßige Lage für dich geklärt hast. Vieles gelingt dir dann einfacher.

… dass du dich um dein Gefühlsleben kümmern solltest. Das ist noch wichtiger, als attraktiv und interessant auf andere zu wirken.

… deine Gefühle nicht für jemanden oder etwas zu vernachlässigen, der oder das dir nur momentan wichtig ist und dich bald schon wieder verlassen wird.

Bedenke also, dass wahre Schönheit von innen kommt.

Gefühle:

Du wirst sehr erleichtert und zufrieden mit dir selbst sein, wenn du mit deinen Gefühlen im Reinen bist.

Du selbst:

Wenn du weißt, was du willst, ist es manchmal so, als ob dir alles nur so zufliegen würde.

Du und andere:

Du solltest nicht zulassen, dass deine Gefühle wegen anderer Menschen zu kurz kommen.

6 Kessel

Auf der Suche

Du befindest dich in einem Urwald. Natürlich muss man da auch mal eine Pause einlegen und etwas aus seinem Gepäck holen, Verbandszeug oder Essen zum Beispiel. Aber du bist so beschäftigt damit, dass du den Kessel umgetreten hast, dessen Inhalt jetzt wohl die Frösche essen werden. Vielleicht gehörte der Kessel dir, oder er stand zufällig dort. Auf jeden Fall aber hast du in deiner Eile etwas Wertvolles vergeudet, und nun machen Fremde sich darüber her, obwohl sie es eigentlich nicht verdient haben.

Wie der Inhalt aus diesem Kessel fließt, könnte auch eine Anspielung darauf sein, dass das, was dich innerlich ausfüllt, durch Hektik auslaufen kann. Damit können wichtige Gefühle oder Überzeugungen gemeint sein. Es kann immer besonders schwierige Lagen im Leben geben, in denen man sich vorkommt, als müsste man sich durch einen Dschungel von Problemen kämpfen. Aber auch dann musst du darauf achten, nicht deinen eigenen Emotionen und Vorstellungen untreu zu werden und sie einfach über Bord zu werfen. Denn sie könnten dir in solchen schwierigen Zeiten als Entscheidungshilfe nützlich sein oder dich als »Nahrung« für die Seele stärken, so wie die Nahrung, die auf diesem Bild im Kessel war.

Bei dieser Karte kann es darum gehen,

... die Kraft und den Mut zu haben, sich durch schwierige Aufgaben zu kämpfen.

... dabei aber darauf zu achten, dass die eigene Gefühlswelt nicht verkümmert.

... dass du auch in schweren Zeiten auf deine Gefühle und deine innersten Überzeugungen achten solltest. Sie können dir gerade dann vielleicht am besten helfen.

Bedenke also, dass du auf der Suche nach Erfolg nicht deine Gefühle opfern solltest.

Gefühle:

Nimm dir Zeit, um dich um Angelegenheiten und Gefühle zu kümmern, die zu lange zu kurz gekommen sind.

Du selbst:

Suche dir keine Aufgaben, die du nicht mit deinen tiefsten Überzeugungen vereinbaren kannst.

Du und andere:

Lass dich von keinem deiner Ziele abbringen. Bedenke aber auch, ob das, wonach du suchst, für dich wirklich wichtig ist, oder ob du da etwas Verkehrtes »im Gepäck« hast.

7 Kessel

Liebespfand

Bei allen Karten aus der Reihe der Kessel geht es um Gefühle, die in uns wie in einem Kessel sind. Sieben ist eine der höheren Zahlen, und damit steigt auch die Kraft der Gefühle, die diese Karte beinhaltet.

Die Hexen im Hintergrund wirken noch sehr normal und trinken einfach nur etwas aus dem Kessel: Sie haben eher gewöhnliche Bedürfnisse. Die Hexe vorne scheint stärkere Sehnsüchte zu haben. Sie will etwas Verbotenes, das durch die Schlange an ihrem Arm gezeigt wird. Schon in der Bibel sind Schlangen ein Symbol für Böses und Verbotenes.

Aber ob es wirklich so schlimm ist, wonach diese Hexe sich sehnt, ist schwer zu sagen. Denn es ist ja kein mächtiger Teufel auf dem Bild zu sehen, sondern ein kleinerer Dämon, der fast schon unschuldig aussieht. Oder ist das nur Tarnung?

Es ist also unklar, ob es das Thema dieser Karte ist, Leidenschaften zu haben, die andere nicht verstehen, oder ob es darum geht, etwas Schlechtes vorzuhaben.

Wie du dieses Bild beurteilst, kann eventuell widerspiegeln, wie du über eine bestimmte, vielleicht zu extreme Sache denkst.

Vielleicht ist das Teufelchen auch eine Anspielung auf den griechischen Gott Pan, der für die Natur steht. Möchtest du dich also wie eine Schlange häuten, um frei von Oberflächlichkeiten deine innere »Natur« zu erfahren?

Bei dieser Karte kann es darum gehen,

… sich über sinnlose gesellschaftliche Regeln hinwegzusetzen.

… eine starke, besondere Sehnsucht nach etwas zu haben, das außerhalb des Alltäglichen liegt.

… dass es genauso berechtigt ist, absurden Wünschen von anderen fernzubleiben.

… zu erkennen, ob man einem inneren Herzenswunsch folgt oder ob man in eine Falle tappt.

… dass du den Wunsch hast, dich selbst zu finden.

Bedenke also, ob andere Recht haben, wenn sie etwas, das du willst, eher meiden würden.

Gefühle:

Prüfe, ob dich deine Wünsche oder nur deine Triebe zu etwas treiben.

Du selbst:

Manchmal wirkt etwas gefährlicher oder unbedenklicher, als es tatsächlich ist. Von beidem solltest du dich nicht täuschen lassen.

Du und andere:

Überlege gut, was richtig ist, wenn andere dir von deinen Plänen vollkommen abraten würden.

8 Kessel
Einweihung

Die junge Frau sieht sehr unerfahren aus. Ihrer Kleidung nach zu urteilen ist sie wahrscheinlich noch nicht einmal eine Hexe. Die merkwürdige Puppe in ihrer Hand deutet darauf hin, dass sie einen Voodoo-Zauber erwartet. Diese beiden Frauen sind wohl geistig auf ganz verschiedenen Ebenen.

Die ältere Hexe wirkt nämlich sehr weise. Vielleicht hat sie sich diese Höhle ausgesucht, um in Ruhe ihre magischen Tränke zuzubereiten, die auch hier wieder für Gefühle stehen können.

Die Situation auf dieser Karte ist also die, dass jemand mit seinen Emotionen oder mit seinen Gedanken allein sein möchte und von jemandem besucht wird, der das gar nicht nachvollziehen kann. Egal auf welcher von beiden Seiten du dich siehst, allein schon der Versuch, für jemanden da zu sein und seine Emotionen oder sein Wissen zu verstehen, ist lobenswert.

Eventuell hat sich die Ältere von den anderen Menschen zurückgezogen, als sie dachte, schon alles zu wissen. Und da kommt plötzlich das junge Mädchen, das ihr von Voodoo erzählt, einer Art der Magie, die ihr vorher unbekannt war. Andererseits kennt das Mädchen die Magie der Hexe nicht. Man sollte also nie davon ausgehen, dass die Gefühle oder das Wissen, das man gerade hat, nicht übertroffen werden können.

Bei dieser Karte kann es darum gehen,

... es nicht als Störung, sondern als Zeichen der Achtung zu sehen ist, wenn sich jemand für etwas interessiert.

... sich Zeit für sich selbst zu nehmen, aber den Rest der Welt nicht zu vergessen.

... dass du offen für Neues sein solltest und es nicht gleich ablehnst, weil du glaubst, es besser zu wissen.

... dass das Leben immer Überraschungen für dich bereithält.

Bedenke also, dass sich alles ändern kann.

Gefühle:

Gerade wenn deine Sehnsüchte dich stark beschäftigen, brauchst du auch mal Ablenkung und frische Ideen.

Du selbst:

Auch wenn es manchmal nicht so aussieht, kann sich alles mit der Zeit ändern. Gib also nicht zu schnell auf.

Du und andere:

Fordere und gewähre Respekt.

9 Kessel

Losreiten

Der Esel hat sich plötzlich aufgebäumt. Du wurdest davon so überrascht, dass du von ihm heruntergefallen bist. Den Kessel hast du dabei fallen lassen, oder der Esel hat ihn umgetreten. Sein Inhalt verteilt sich jetzt auf dem Boden.

Die Kartenreihe der Kessel ist die der Gefühle, und je höher die Zahl der Karte ist, umso intensiver können auch die Gefühle sein, um die es in den Bildern geht.

Dass der Esel sich so stark widersetzt, ist ein Ausdruck von großer Leidenschaft oder von Sturheit. Sie können im Bild der Auslöser dafür sein, dass der Kessel, also die emotionale Lage, umkippt.

Das kann heißen, dass ein kurzer leidenschaftlicher Moment eine große Liebe kaputtmacht, zum Beispiel wenn eine Beziehung durch einen Seitensprung in die Brüche geht.

Oder jemand ist zu stur, um das zu tun, was nötig ist, um die Beziehung zu retten. In beiden Fällen können leider viele Gefühle verletzt werden.

Es kann aber auch bedeuten, dass in leidenschaftlicher Energie tiefe Gefühle zum Ausdruck kommen. Manchmal braucht man erst diese Energie, die sozusagen »das Fass zum Überlaufen bringt«, um aufzudecken, wie es in einem aussieht.

Oder hast du vielleicht Angst, dass du jemanden, wenn du deine Sehnsüchte so offen wie hier zeigst, so erschrecken könntest wie den Esel auf dem Bild?

Bei dieser Karte kann es darum gehen,

... dass du gleichzeitig Angst hast, jemanden durch deine Wünsche zu verschrecken, und dir dennoch den Mut wünschst, sie ehrlich zu zeigen. An der Karte kannst du sehen, ob du lieber endlich dein Herz »ausschütten« willst oder noch mehr Angst vor den Folgen hast.

... dich nicht von leidenschaftlichen Augenblicken seelisch verletzen zu lassen.

... leidenschaftliche Augenblicke als Chance zu sehen.

Bedenke also, ob deine inneren Bedürfnisse aus dir raus wollen oder sich lieber noch verstecken.

Gefühle:

Leidenschaft kann deine Angst, dass deine Gefühle verletzt werden, besiegen. Willst du das?

Du selbst:

Sehnst du dich danach, dich wie hier zu offenbaren und dich fallen zu lassen?

Du und andere:

Du weißt nicht, wie du dich einer Person gegenüber verhalten sollst. Glaubst du, sie wird genauso heftig reagieren wie der Esel hier?

10 Kessel
Zu Hause

Das Bild macht einen sehr friedlichen Eindruck. Du strickst an einem schönen Tag etwas, während unten das Essen kocht. Viele Menschen sehnen sich bestimmt nach einem so ruhigen Leben.

Es ist nur die Frage, ob du als Hexe damit wirklich zufrieden bist. Denn den Zauberhut hast du ja immer noch auf. Reicht es dir, statt zu zaubern, Handarbeit zu machen? Der Topf, in dem das Essen kocht, könnte ein Ausdruck dafür sein, wie es auch in dir kocht und brodelt. In dem Bild kümmerst du dich nicht um den Kessel. Wenn du das längere Zeit so machst, riskierst du damit einen Brand.

Und genauso gefährlich kann es sein, wenn du deine brodelnden Triebe ignorierst und dir ein möglichst unauffälliges Aussehen gibst. Manchmal macht man das, um nicht anders zu wirken und nicht unangenehm aufzufallen. Oder man kommt sich so vor, als ob man sich angreifbar macht, wenn man seine Gefühle zugibt.

Es wäre aber viel gesünder und nützlicher für dich, wenn du dich um deine Gefühle kümmerst, anstatt sie zu ignorieren. Auf dieser Karte zum Beispiel riskierst du nicht nur einen Brand, sondern auch, ein gutes Mittagessen zu verpassen.

Bei dieser Karte kann es darum gehen,

… es zu genießen, wenn man mal in friedlicher Ruhe ausspannen kann.

… dass du nicht vorgibst, etwas zu sein, das du nicht bist.

… dass du deine seelischen Bedürfnisse, gerade wenn sie besonders stark sind, nicht völlig sinnlos ignorieren solltest. Damit schadest du dir nur selbst.

… dass intensive Gefühle auch etwas sind, das dir Kraft und Energie geben kann.

Bedenke also, dass du dich um deine Gefühle kümmern und sie nicht ewig schmoren lassen solltest.

Gefühle:

Deine Sehnsüchte können ein Antrieb für dich sein, du darfst sie nur nicht ständig unterdrücken.

Du selbst:

Mach, was deiner eigenen Meinung nach wichtig ist.

Du und andere:

Finde einen Platz, an dem du dich geborgen fühlst und dich nicht für andere verstellen musst, und lade besondere Menschen ein, dich zu besuchen.

Fest
(Prinzessin/Page)
der Kessel
Imbolc-Fest

Wir sehen in diesem Bild drei der vier Elemente, die im Tarot wichtig sind. Das Feuer der Kerzen steht für Leidenschaft und Energie, die erdverbundene Steinplatte steht für Festigkeit und Bodenständigkeit. Sie sind etwas entfernt von dem Mann und der Frau.

Direkt bei ihnen ist ein Kessel, der ja als Gegenstand des Wassers die Gefühle symbolisiert. Die beiden hier, die offensichtlich eine Beziehung führen, halten also die Gefühle für das Wichtigste in einer Beziehung und stellen sie daher in den Mittelpunkt. Wenn du weißt, dass dein Partner dich genauso liebt wie du ihn, ist das die Basis für eine vertrauensvolle Beziehung. Das Vertrauen, das Wissen, dass der andere einen stützt, wird auf dieser Karte dargestellt durch die Stellung der beiden: Rücken an Rücken. Das ist gleichzeitig auch eine Stellung, die zwei Krieger einnehmen, wenn sie von Feinden umringt sind. Diese Stellung ist also auch sehr schützend. Du wirst dich in einer Beziehung also sehr geschützt und voller Vertrauen fühlen, wenn ihr eure Gefühle in den Mittelpunkt stellt.

Wenn dann noch Leidenschaft und Beständigkeit dazukommen, ist dieses große Glück wie ein Fest der Gefühle.

Bei dieser Karte kann es darum gehen,

… dass du dich nach einer glücklichen Beziehung sehnst.

… dass eine Beziehung umso leidenschaftlicher und gesicherter ist, wenn man einander vertraut und unterstützt.

… wie wichtig es in einer Beziehung ist, offen über Gefühle zu reden, aber auch Leidenschaft über eine lange Zeit zu erhalten.

… die Schönheit einer glücklichen Beziehung bewusst zu genießen.

Bedenke also, dass es ein sehr großes Glück ist, jemandem vertrauen zu können.

Gefühle:

Die Gefühle zweier Menschen sind das Wichtigste für eine Beziehung. Aber vergiss nicht, dass auch noch anderes eine Rolle spielt.

Du selbst:

Harmonie mit dir selbst und mit deiner Umgebung ist ein sehr erstrebenswertes Ziel.

Du und andere:

Genieße es, wenn du glücklich mit jemandem bist, und sorge dafür, dass das lange anhält.

Mond
(Ritter)
der Kessel
Vollmond

Der Kessel hängt hier hoch oben an einem Baum. Bei Vollmond erscheinen einige Dinge anders, und versteckte Gefühle von dir, die der Kessel symbolisiert, »kommen hoch«. Oder du hast gerade ein besonderes Hochgefühl. Auf jeden Fall ist deine emotionale Lage sehr ungewöhnlich.

Es könnte sein, dass du dich freust, weil du endlich mit einem Menschen, den du sehr magst, zusammenkommst. Das passiert manchmal nur unter sehr unnormalen Bedingungen, die durch den Kessel am Baum und den Vollmond repräsentiert werden.

Der Kelch in deiner Hand ist wie ein kleinerer Kessel und könnte deshalb ebenfalls Gefühle symbolisieren. Dir ist es scheinbar sehr wichtig, dass dein Freund den Kelch beachtet, also die Gefühle, die du ihm entgegenbringst. Er geht offenbar gar nicht darauf ein, sondern will dir sofort näher kommen. Wenn dir das nicht gefällt, solltest du diese Situation nicht nur deshalb akzeptieren, weil ihr euch sonst nie so nahe seid.

Bei dieser Karte kann es darum gehen,

… eine seltene Gelegenheit zu ergreifen.

… dass du dich nicht überreden lässt, deine Gefühle zu ignorieren.

… dich nicht abwimmeln zu lassen, wenn du über Dinge reden willst, die dir am Herzen liegen.

… zu überlegen, wie wichtig dir deine Gefühle sind.

Bedenke also, auch dann, wenn sich plötzlich alles zu ändern scheint, was richtig und was falsch für dich selbst ist.

Gefühle:

Neue Gefühle kannst du entweder sofort umsetzen oder erst vorsichtig erforschen. Manchmal dauern Stimmungen nur sehr kurz.

Du selbst:

Warte nicht zu lange auf etwas, das völlig unrealistisch ist, sonst bist du umso mehr enttäuscht.

Du und andere:

Wenn du jemanden von einer neuen Seite kennen lernst, musst du prüfen, ob dir das gefällt.

Göttin
(Königin)
der Kessel
Die römische Göttin Bonadea

Diese Frau ist übersät mit Blüten. Ihr Kessel, das Symbol für Gefühle, ist voll von Früchten. Das bedeutet, dass Gefühle etwas Natürliches und Gesundes und etwas sehr Fruchtbares sind, das im übertragenen Sinne in den Menschen Blumen zum Blühen und Früchte zum Reifen bringen kann.

Wie beurteilst du, dass sie in diesem Bild mit ihren wunderbaren Gaben zu Mäusen, Eidechsen und Schlangen geht?

Man kann darin einerseits eine Verschwendung sehen, denn ein Mensch hätte das sicher mehr verdient und zu schätzen gewusst. Die Schlange und die Eidechse könnten außerdem giftig sein, und auch die Mäuse könnten Krankheiten übertragen. Sie will ihre Nahrung also nicht bloß Geschöpfen geben, die sie nicht wert sind, sondern die ihr auch schaden können.

Man kann es aber auch als eine Spende an Wesen sehen, die ein Recht haben, zu leben, anstatt ständig bekämpft werden. Eine Schlange greift nur dann an, wenn sie sich bedroht fühlt. Wenn die Göttin das vermeidet, spricht in ihren Augen wohl nichts dagegen, zu helfen.

Bei dieser Karte kann es darum gehen,

… dass Gefühle so wichtig, natürlich und gesund für dich sein können wie Früchte.

… dass du deine Gefühle, positive wie negative, und deine gefühlvolle Zuwendung nicht an Menschen verschwendest, die das nicht zu schätzen wissen.

… sich der Gefahr bewusst zu sein, verletzt und ausgenutzt zu werden, wenn man mit seinen Gefühlen zu den falschen Menschen geht.

… sich um die zu kümmern, die sonst nur angegriffen werden.

… eine Gefahr durch Freundlichkeit zu vermeiden.

Bedenke also, wer es verdient hat, dass du ihm vertraust.

Gefühle:

Wenn du dich glücklich fühlst, kannst du das auch nach außen zeigen.

Du selbst:

Für dein Mitteilungsbedürfnis solltest du dir auch die richtigen Leuten aussuchen.

Du und andere:

Es ist gut, Urteile zu hinterfragen und sie zu bekämpfen, wenn sie falsch sind.

Prüfung
(König)
der Kessel
Hexensabbat und Tanz

Dieses Bild ist nicht so merkwürdig, wie es scheint. Während der Kessel ja für Gefühle steht, die in diesem Fall anscheinend über den Rand geschwappt sind, stehen das Feuer für Leidenschaft und die Steine für Beständigkeit. Man sieht hier also Gefühle, die früher einmal so sehr gekocht haben, dass sie überliefen, umringt von vielen Jahren des Bestehens. Im Vordergrund steht die Leidenschaft zweier Menschen, die immer noch brennt.

Man könnte die Zweisamkeit von Mann und Frau auch in den weiblichen und männlichen Personen auf dieser Karte wiederfinden.

Es wäre dann nur kritisch, dass der Mann die wichtigste Rolle hier spielt, während die Frauen höchstens seine Assistentinnen sind. Außerdem sind es mehrere Frauen und nur ein Mann, was auf einen möglichen Seitensprung anspielt.

Vielleicht testet der Mann aber auch nur, für welche der Frauen sein Herz am stärksten brennt. Die Frauen sind in solch einer Situation oft dazu gezwungen, den Mann quasi anzubetteln, und verhalten sich daher eher passiv. Sie können sich aber auch fragen, ob sie wirklich mit einem Mann zusammen sein wollen, der sie nur so halbherzig respektiert.

In jedem dieser Fälle befinden sich die Emotionen auf einem schwerwiegenden Prüfstand.

Bei dieser Karte kann es darum gehen,

... zu prüfen, ob deine Gefühle von Dauer sind.
... dass man in einer Beziehung die Leidenschaft über lange Zeit erhalten muss, damit die Gefühle füreinander nicht vergehen.
... herauszufinden, wohin dein Herz dich zieht.
... dass ein Betrug oder auch nur der Versuch eine harte Prüfung für eine Beziehung ist.

Bedenke also, dass die Gefühle auch irgendwann erlöschen können, wenn man sich nicht um sie kümmert.

Gefühle:

Deine Gefühle sind manchmal vielleicht sehr schwer zu verstehen. Versuche es trotzdem, damit du dich selbst verstehst.

Du selbst:

Erforsche deine Gefühle, bevor man dich zu einer schnellen Entscheidung drängt.

Du und andere:

Die emotionalen Verstrickungen unter manchen Leuten sind sehr kompliziert. Du musst dir das nicht zwangsläufig antun.

Besen

Hexenbesen · Zauberbesen · Zauberstab
»Besen, Besen seid's gewesen« (Goethes Zauberlehrling)
Harry P.: Quidditch-Spiel
»Neue Besen kehren gut« (Sprichwort)

Besen

Luft · Reich des Geistes und der Geister · Gedanken
Urteile · Entscheidungen

Ass der Besen

Die Hexe und ihr Mahl

Du teilst dir deine Aufgaben ein und genießt das Leben. Recht so! Wie bei der großen Karte »I-Die Hexe« kannst du geschickt und gewitzt mit dem Messer umgehen. Du nimmst, was das Leben dir zuspielt. Dafür steht der Apfel als Symbol. Er steht für die Fruchtbarkeit der Natur. Und deine Offenheit gegenüber allem, was wächst, sich entwickelt und bewegt, zeigt sich auch in dem Häschen, das bei dir Platz genommen hat.

Doch der Apfel steht nicht nur für Fruchtbarkeit, sondern – seit biblischen Zeiten – auch für Verführung. Und seit Schneewittchen auch für Gift und Gefahr.

Dein Glück ist es, dass du das Messer hast. So kannst du bei Bedarf den Apfel aufschneiden, teilen und untersuchen.

Das Ganze ist ein Sinnbild dafür, dass du deine Ideen, Ideale und Aufgaben untersuchst und prüfst. Faule Früchte gehören auf den Kompost, reife Früchte sollst du genießen.

Bei dieser Karte kann es darum gehen,

... dass du dir darüber klar wirst, wo du zupackst und wo du abwartest.

... dass es eine Frage der Cleverness ist, ob und wie du deine Aufgaben bewältigst.

... dass du kapierst, dass die Entscheidung bei dir liegt.

... dass du nicht alles auf einmal bewältigen kannst.

Bedenke also, dass du dir ein eigenes Urteil bilden musst.

Gefühle:

Wer mit Vernunft für sich selber sorgt, ist für alles bestens gerüstet.

Du selbst:

Wohin du im Leben auch gehst, nimm dein »Häschen«, das Kuschelige und Genießerische, mit.

Du und andere:

Wenn du wissen willst, wie der Apfel schmeckt, musst du es selber ausprobieren.

2 Besen

Tanz der Hexen

Die Luft ist das Reich des Geistes und der Gedanken. In dieser Welt bist du zu Hause, dieses Reich trägt dich, und du kannst vor lauter Freude Purzelbäume in der Luft schlagen und tanzen. Die vielen Äpfel zeigen, wie reif und fruchtbar dieses ist.

Manchmal zeigt die Karte einen Streit an. Zwei Hexen jagen dem einen Besen nach. Dann deutet die Karte auf eine persönliche Unzufriedenheit. Es wäre besser, dir einzugestehen, was dich nervt oder was dir fehlt.

Der Tanz in der Luft steht aber auch für eine gemeinsame Begeisterung, für Ideale, die zwei Menschen miteinander verbinden. Der eine Besen steht dann für das *gemeinsame* Ziel, das zwei Menschen auf getrennten Wegen dennoch verbindet.

Bei dieser Karte kann es darum gehen,
… dass du aus dir herauskommst und Luftsprünge machst.
… dass du dich fair mit anderen auseinander setzt.
… dass du sinnlosen Streit beendest.
… dass du dich für neue Ziele begeisterst.

Bedenke also, dass es jetzt viele Früchte zu ernten gibt.

Gefühle:

Fantastische Ideen beflügeln dich.

Du selbst:

Lauf vor Schwierigkeiten nicht davon.

Du und andere:

Jetzt ist die Zeit, einen sinnlosen Streit zu beenden.
Brich auf zu Neuem.

3 Besen
Abschied und Wiedersehen

Wie im Herbst die Blätter fallen, so heißt es jetzt, Abschied zu nehmen von welk gewordenen Gedanken. Manche Träume und Ziele mögen in der Vergangenheit berechtigt gewesen sein – jetzt sind sie verblüht und vertrocknet. Deshalb heißt es, den eigenen Kurs neu zu bestimmen.

Manchmal tut es weh, sich von Gewohnheiten zu verabschieden. Und selbst, wenn man sich schon lange darauf freut, neue Wege zu gehen, kann der Abschied nerven.

Dennoch steht diese Karte nicht für Traurigkeit. Was wertvoll in deinem Leben war, bleibt auch in Zukunft erhalten. Nur das Wertlose bleibt zurück und verfällt.

Bei dieser Karte kann es darum gehen,
… dass du den Mut für einen Neuanfang gewinnst.
… dass du loslässt und dich nicht an Altes klammerst.
… dass du überholte Vorstellungen zurücklässt.
… dass du neue Zielvorstellungen entwickelst.

Bedenke also, dass zu jedem Wachstum auch Abschiede und Wiedersehen gehören.

Gefühle:

Du durchlebst gemischte Gefühle, dass ist o. k. so.

Du selbst:

Sei froh, dass du wächst und dich weiterentwickelst.

Du und andere:

Wirkliche Freunde verlierst du nie.

4 Besen

Hexen-Tränen

Tränen fließen, der Besen ist zerbrochen, fünf Mäuse haben sich eingefunden. Aber Achtung: Das Bild hat weniger mit Trauer oder Vergeblichkeit zu tun als mit Wandel und Veränderung!

Der Fluss im Bild ist ein altes Symbol dafür, dass man alles im Leben fließen lassen sollte. Dass man sich wandelt, sich stets verändert und gerade dadurch sich selbst treu bleibt. Auch die Mäuse sind reine Wandlungskünstler. Auch wenn sich ihre Lebensumstände ändern, schaffen sie sich schnell wieder ein neues Zuhause. Sie passen sich den neuen Lebensumständen an, ohne sich selber dafür preiszugeben.

Wenn ein Besen gebrochen ist, muss du ihn entweder reparieren oder durch einen neuen ersetzen. Tränen sind gut, sie machen es dir leichter, dich auf die neuen Umstände einzulassen.

Bei dieser Karte kann es darum gehen,
... dass du echte Tränen zulässt.
... dass du andere in schwierigen Zeiten unterstützt.
... dass du theatralischen Heulanfällen aus dem Weg gehst.
... dass du einen Fehlschlag analysierst und reparierst.

Bedenke also, dass es nur weitergeht, wenn du die nötigen Konsequenzen ziehst.

Gefühle:

Manche Einsichten sind unangenehm. Manche Wahrheiten aber verursachen Freudentränen.

Du selbst:

Lass es fließen!

Du und andere:

Mach dir und anderen nichts vor. Versteck deine Gefühle nicht, aber übertreibe sie auch nicht.

5 Besen

Junge Hexe meistert Schwierigkeiten

Irgendetwas ist schief gegangen. Oder irgendetwas will sich jetzt ändern. Lass dich von verschiedenen Schwierigkeiten nicht irritieren. Tatsächlich handelt es sich darum, dass die Karten in deinem Leben neu gemischt werden. Scheinbar löst sich alles in Einzelteile auf. Aber auf dich wartet die Aufgabe, daraus ein neues Puzzle, ein neues Ganzes zusammenzusetzen. Manchmal warnt die Karte auch davor, dass du dich zu sehr mit Einzelheiten beschäftigst und den Überblick verlierst.

Die Karte zeigt eine junge Hexe, eine Schülerin. Das hat nichts mit deinem tatsächlichen Alter zu tun. Für die Aufgaben oder Entscheidungen, die jetzt vor dir liegen, verfügst du einfach nicht über viel Erfahrung. Das kann auch positiv sein.

Bei dieser kann es darum gehen,

... dass du dir darüber klar wirst, was du als Nächstes lernen willst.

... dass du Schäden beseitigst.

... dass du verstehst, wie du künftig effektiver vorgehen kannst.

... dass du dich besser gegen Zumutungen von außen schützen sollst.

Bedenke also, dass du neue Situationen nicht mit alten Methoden lösen kannst.

Gefühle:

Verzichte auf Sentimentalitäten.

Du selbst:

Handle kühn und umsichtig zugleich.

Du und andere:

Scherben bringen Glück, solange man darauf achtet, dass niemand persönlich verletzt wird.

6 Besen

Hexen-Wanderung

Natürlich bräuchtest du eigentlich die Brücke nicht. Mit dem Besen könntest du einfach hinüber fliegen. Andererseits ist die Brücke ein schönes Symbol dafür, dass man konkret und nicht nur im Gedanken oder in der Fantasie den Übergang bewältigt. Welchen Übergang? Den Weg in neue Realitäten, in neue Erfahrungen. Dafür braucht es auch einen guten Überblick, wie ihn die vielen weißen Vögel im Bild besitzen.

Jeder wirkliche Übergang im Leben setzt einen persönlichen Wandel voraus. Solange man noch körperlich wächst, ist dieser Wandel sofort zu erkennen: Du änderst dich ständig. Aber in Wirklichkeit hört dieser Prozess nie auf, gleichgültig, wie alt du wirst.

Schau, was du wirklich brauchst, und tritt für deine Interessen ein. Und unterstütze auch deine Freunde in ihrer Entwicklung. So findest du den richtigen Weg.

Die Brücke bedeutet außerdem: Es zählt der Augenblick, der Übergang – man soll sich auf die Gegenwart einlassen und in seinen Gedanken nicht stets in Vergangenheit oder Zukunft schwelgen.

Bei dieser Karte kann es darum gehen,
... dass du in deinen Entscheidungen und Erkenntnissen beweglich bleibst.
... dass du praktische Schritte für große Ziele unternimmst.
... dass du ganz wach und aufmerksam bist.
... dass du dir sinnvolle Ziele setzt.

Bedenke also, dass du die Kraft hast, eine Kluft zu überbrücken.

Gefühle:

Du brauchst klare Ziele, damit deine Gefühle in Ordnung sind.

Du selbst:

Atme bewusst und spüre den Augenblick, auch wenn du viel unterwegs bist.

Du und andere:

Jeder Mensch hat einen eigenen, besonderen Lebensweg. Es lebe der Unterschied!

7 Besen

Hexenflechten

Es ist eine Kunst, die richtigen Verbindungen zu knüpfen. Und ein ebenso großes Können, falsche Verbindungen wieder aufzulösen. Du übst dich in dieser Kunst. Und weil es bei den Besen um das Reich der Luft, des Geistes und der Gedanken geht, zielt das Bild auf deine Fähigkeit, geistig und gedanklich selbstständig zu sein.

Bilde dir deine Meinung und triff dein eigenes Urteil. Setze dich mit anderen auseinander und lass andere an deinen Erkenntnissen teilhaben.

Die Bänder oder Schnüre im Bild erinnern auch an Telefonleitungen. Im übertragenen Sinne geht es um jede Form der Kommunikation, darum, sich mit-zu-teilen.

Aber etwas verwundert in diesem Bild zusätzlich: Entweder sind die Pilze riesig groß oder die beiden Hexen winzig klein. Wie Alice machst du Erfahrungen im *Wunderland*. Auch bei merkwürdigen, atemberaubenden oder erstaunlichen Vorgängen geistig rege und entscheidungsfreudig zu bleiben – das macht die eigentliche Aufgabe deiner aktuellen Situation aus.

Bei dieser Karte kann es darum gehen,

... dass du Fantasie und Wirklichkeit genauer unterscheiden musst.

... dass du ein sorgsames Urteil bilden musst.

... dass du auch bei ungewöhnlichen Geschehnissen nicht den Verstand verlierst.

... dass du dich von vorübergehenden Verwirrungen nicht sehr beeindrucken lässt.

Bedenke also, dass es an dir liegt, die richtigen Verbindungen herzustellen.

Gefühle:

Auch unwahrscheinliche Dinge passieren. Bleib cool.

Du selbst:

Achte darauf, dass du die Fäden in der Hand behältst.

Du und andere:

Du bist nicht allein! Auch wenn merkwürdige Dinge geschehen.

8 Besen

Großes Werk

Die gekreuzten Besen stehen für vereinigte Kräfte. Arbeite mit anderen zusammen und mobilisiere in dir selber alle Kräfte. Es lohnt sich.

Große Aufgabe liegen vor dir. Die Hexen im Bild richten entweder einen riesigen Felsblock auf. Oder sie beseitigen ein schweres Hindernis. Ähnliches wird auch dir gelingen, wenn du deine Kräfte konzentrierst und nicht davor zurückscheust, die Hilfe anderer in Anspruch zu nehmen.

In seltenen Fällen warnt die Karte allerdings auch davor, dass man sich das Leben zu schwer macht. Du musst nicht immer die schwersten Brocken bewegen oder verdauen. Der Weg ist doch frei!

Bei dieser Karte kann es darum gehen,

… dass du alle deine Kräfte konzentrierst.

… dass du klare Ziele vorgibst, so dass andere mitmachen können.

… dass du dich von Schwierigkeiten nicht beeindrucken lässt.

… dass du genau untersuchst, welche Herausforderung du wann annehmen willst.

Bedenke also, dass du immer eine Wahl hast.

Gefühle:

Pack an. Hol dir Hilfe. Es gibt nichts Gutes, außer man tut es.

Du selbst:

Große Aufgaben können deine Entwicklung beschleunigen.

Du und andere:

Wer mit anderen zusammenarbeitet, multipliziert seine Kräfte.

9 Besen

Auf der Hut sein

Ist es ein Angriff, ein Überfall, eine Strafaktion, die der Gehörnte da vor hat? Führt er Gutes im Schilde und bringt er der Hexe ihren Besen zurück? Streiten sich beide um den Besen? Will er etwas von ihr, was sie nicht will? Will sie ihn locken oder provozieren? Wie auch immer man dieses Bild betrachten mag: Hier heißt es, auf der Hut zu sein.

Zu schnell kann ein Spiel in Verletzung oder Gemeinheit umschlagen. Zu schnell kann eine verführerische Versprechung sich als gewaltsame Zumutung darstellen.

Provoziere keinen, aber lass dich auch nicht provozieren. Sei nicht blind gegenüber Aggressionen. Sammle deine ganzen Kräfte und all deine Konzentration im gegenwärtigen Augenblick. Mit Geistesgegenwart weißt du dir zu helfen.

Bei dieser Karte kann es darum gehen,
... dass du dich vor gefährlichen Zugriffen schützt.
... dass du sinnvolle Aggressionen bei dir und anderen unterstützt.
... dass du verstehst: Ein gerechter Zorn ist in Ordnung und erfordert manchmal auch drastische Maßnahmen.
... dass negative Aggressionen andere verletzen, während positive Aggressionen keinen verletzen, aber den eigenen Zielen Nachdruck verleihen.

Bedenke also, dass man manchmal über sich hinauswachsen muss.

Gefühle:

Bleib wach, auch wenn du dich aufregst.

Du selbst:

Lass dich nicht ins Bockshorn jagen.

Du und andere:

Kämpfe nicht gegen andere, sondern für deine Träume.

10 Besen

Neuer Horizont

Manche sagen, der Vogel habe der Hexe den Besen geraubt. Andere sehen die Karte so, dass die Hexe den Vogel vorausschickt. Er fliegt in ein neues Land. Der Besen wird zur Hexe zurückkehren und ihr die Botschaft oder die Informationen von dort mitbringen. Eine Eule steht dabei und unterstreicht, dass hier alles davon abhängt, dass du klug und umsichtig handelst.

Das Reich der Lüfte ist unter anderem das Reich der Gedanken und Entscheidungen, der Vorstellungen und Beurteilungen. Die Ziffer 10 ist hier die höchste Zahl. Also handelt die Karte auch von der *Fülle* der Entscheidungen in deinem Leben, von dem *Maximum* deiner Gedanken und Vorstellungen.

Manchmal ist es am besten, bestimmte Gedanken und Entscheidungen einfach ziehen zu lassen. Und manchmal wiederum muss man alle seine Gedanken ernst nehmen und sich auf die ganze Wahrheit konzentrieren.

Insgesamt eine anspruchsvolle Situation, die dir aber auch die Chance bietet, ganz neue Erfahrungen zu machen.

Da die Eule ein Nachtvogel ist, bedeutet diese Karte auch, dass es gut ist, auch einmal darüber zu schlafen, ehe du neue Entscheidungen triffst.

Bei dieser Karte kann es darum gehen,
… volle Verantwortung zu übernehmen.
… dass auch große Aufgaben immer ein Stück Leichtigkeit behalten müssen.
… dass du die Herrin des Besens bist und ihm die richtigen Kommandos gibst.
… dass du weise wie eine Eule urteilst.

Bedenke also, dass du dich nicht verkrampfen darfst.

Gefühle:

Der Kopf muss dem Herz helfen, die Dinge nicht zu schwer zu nehmen.

Du selbst:

Lege dir Rechenschaft ab, behalte die Kontrolle darüber, was du tust!

Du und andere:

Liebe ist ein Kind der Freiheit!

Fest
(Prinzessin/Page)
der Besen
Samhain-Fest (Halloween)

Natürlich gilt diese Karte an jedem Tag, nicht nur an Halloween. Aber sie bedeutet: Der Geist von Halloween bestimmt dein Leben, wann immer du diese Karte ziehst. Und der Geist von Halloween ist die Bannung der bösen Geister.

Die Fledermäuse im Bild sind bekannt für ihre außerordentliche Wahrnehmungsfähigkeit. Als wären sie mit einem Radar ausgestattet, können sie sich in der Dunkelheit bestens orientieren. So sollst auch du jetzt deine Sinne schärfen und dich mit Ideen und Vorstellungen, Wünschen und Ängsten, die sonst eher im Dunkeln verborgen liegen, auseinander setzen.

Du bist nicht allein. Teile deine Sorgen, aber auch deine geheimen Träume mit anderen.

Klare Entscheidungen, persönliche Aufrichtigkeit und dein Lachen sind die besten Mittel, um üble Geister und nervende Gedanken loszuwerden.

Bei dieser Karte kann es darum gehen,

… dass du in deinen Gedanken weiter gehst als sonst.
… dass du dich nicht erschrecken lässt und auch andere nicht in Schrecken versetzt.
… dass dir ein Licht aufgeht.
… dass du durch dein Lachen Freude verbreitest.

Bedenke also, dass es ist besser ist, ein Licht anzuzünden, als über die Dunkelheit zu klagen.

Gefühle:

Schaffe Klarheit und du kannst deine Sorgen vergessen.

Du selbst:

Habe den Mut, dir geheime Wünsche und Ängste einzugestehen.

Du und andere:

Sei großzügig, mache anderen klar, was dir wirklich am Herzen liegt. Sei offen und verschwiegen, wenn dir jemand etwas Wichtiges anvertraut.

Mond
(Ritter)
der Besen
Neumond

Die richtige Karte für einen Neuanfang in deinen Gedanken und Urteilen. Auch eine gute Karte, um aus deinen Entscheidungen jetzt die nötigen Konsequenzen zu ziehen.

Die Nacktheit der Hexe zeigt eine persönliche Offenheit – und eine sexuelle Unverklemmtheit – an. Im übertragenen Sinne bedeutet die Nacktheit so viel wie Wahrheit: Du stellst dich den nackten Tatsachen, der ungeschminkten Wahrheit. Nur manchmal hat diese Nacktheit auch mit Selbstverliebtheit, Eitelkeit oder Unverschämtheit zu tun.

Hier geht es also um eine Stunde der Wahrheit, und es liegt an dir, mit kühlem Kopf kleine und große Entscheidungen zu treffen. Die fünf Kerzen bedeuten: Es ist gut, wenn du dir fünf Tage für eine wichtige Entscheidung Zeit lässt, also fünfmal darüber schläfst.

Bei dieser Karte kann es darum gehen,

… dass du aufhörst, dir oder anderen etwas vorzumachen.

… dass dich oder die Situation endlich so betrachtest, wie sie ist.

… dass du vor großen Entscheidungen nicht zurückschreckst.

… dass du wichtige Entscheidungen gewitzt und bewusst angehst.

Bedenke also, dass momentane Launen keine gute Basis für wichtige Entscheidungen sind.

Gefühle:

Nimm dir Zeit für deine Entscheidungen und genieße das Gefühl, immer besser selbst zu bestimmen, was du tust.

Du selbst:

Sei bereit, dich selbst zu kritisieren – und dir selbst eine Liebeserklärung zu machen.

Du und andere:

Vielleicht ziehst du andere in deine Überlegungen mit ein. Vielleicht brauchst du aber auch einige Tage des Rückzugs und des Alleinseins.

Göttin
(Königin)
der Besen
Die keltische Göttin Morrigan

Die Göttin der Besen ist die Göttin der Liebe. Das Bild macht klar, dass es viele Arten von Liebe gibt: zwischen Mutter und Kind, zwischen Mensch und Tier, zwischen Mensch und Natur und so weiter.

Im Endeffekt ist Liebe nicht nur eine Frage der Freundschaft oder Zweierbeziehung. Liebe ist irgendwie eine generelle Lebensweise – eine Methode, wie man auf Menschen und Tiere, auch auf Sachen und Probleme *eingeht!*

Jede Hexe weiß, dass es Lehrzeiten gibt. Und dass ein Teil der Lehre, die jede Hexe zu absolvieren hat, darin besteht, die eigenen Ziele und den eigenen Sinn zu finden. Wer sich für die Liebe als Weg, als Lebenseinstellung, entscheidet, findet am schnellsten zu seinem Sinn und seinem Ziel.

Wenn du diese Karte ziehst, will sie dir sagen, dass du den Menschen und den Dingen, die du liebst, deine Liebe zeigst. Und dass du von der Liebe mehr erwarten darfst als bisher vermutet.

Bei dieser Karte kann es darum gehen,

... dass du mehr Menschen als bisher in dein Herz schließt.

... dass du dich aus einer zu engen Mutter-Kind-Beziehung löst.

... dass du Verantwortung für deine Beziehungen übernimmst.

... dass du deine Selbstständigkeit verteidigst.

Bedenke also, dass Liebe nicht nur ein Gefühl ist, sondern auch die Entscheidung für ein liebevolles Leben, für eine Prioritätensetzung bei dir ist.

Gefühle:

Sentimentale Gefühle hindern dich manchmal daran, Kopf und Herz wirklich frei zu kriegen – für das, was du wirklich liebst.

Du selbst:

Manchmal bist du wie ein Kind, manchmal wie ein/e Erwachsene/r. Es ist gut, wenn beide Seiten zu ihrem Recht kommen.

Du und andere:

Kapsel dich nicht ab. Mach aus deinem Herzen keine Mördergrube.

Prüfung
(König)
der Besen
Meisterschaft

»Sei kein Esel«, so sagt man. Der Esel ist ein Zeichen für Sturheit und Dummheit. Aber halt! Aus dem Märchen kennen wir auch den Goldesel: Er sieht aus wie ein ganz gewöhnlicher Esel. Aber bei ihm verwandelt sich buchstäblich Sch… in Gold!

Manche sehen das Bild so, dass die junge Hexe den Esel auf den Po küsst, um in den Kreis der Hexen aufgenommen zu werden. Schön blöd, wer so etwas glaubt! Tatsächlich schaut sie auf den Po und prüft, ob es ein gewöhnlicher Esel ist oder ein Goldesel.

Damit ist die Botschaft der Karte klar: Es gibt auch in deinem Leben Dinge, die sehen grau und unscheinbar aus. Es gibt Menschen, die wirken vielleicht stur und dumm wie ein Esel. Manchmal stimmt der erste Eindruck. In anderen Fällen aber stellt sich heraus, dass es sich um Goldesel und um wirklich tolle Personen handelt.

Bei dieser Karte kann es darum gehen,
… dass du dich über Vorurteile hinwegsetzt.
… das du dich nicht zum Esel machst.
… dass dir klar wird, was für dich Mist ist …
… und welche Personen oder Dinge für dich wirklich Gold wert sind.

Bedenke also, dass du nicht jeden Sch… mitmachen musst.

Gefühle:

Es tut gut, sich vom alten Mist zu verabschieden.

Du selbst:

Du bist wertvoll. Selbst dein Mist ist noch etwas wert – wenn du ihn als Dünger für neue, bessere Entscheidungen nutzt.

Du und andere:

Lass dich nicht »verarschen«. Versuche nicht, anderen deinen Mist unterzujubeln.

Felsen

Der Stein der Weisen · Fels in der Brandung · Einen Stein ins Rollen bringen · Rolling Stones · Schwerkraft Anziehungskraft
Erde · Materie · Steine · Materie · Material aller Art

Felsen

Erde · Bodenständigkeit · Verankerung · Beständigkeit
Nachhaltigkeit · materielle Dinge · praktische Bedürfnisse
körperliche Empfindungen · Instinkte · finanzielle Werte

Ass der Felsen

Die Hexe beim Lesen

Felsen können ein Symbol der Festigung und der Beständigkeit, aber auch der Schwerfälligkeit sein. Deshalb kann man das Bild so verstehen, dass du geistig nicht schwerfällig wirst, sondern stetig dein Wissen erweiterst, indem du wie auf diesem Bild gelehrte Schriften liest. Du weißt genau, wie du an sie herankommst. Hier hast du zum Beispiel die Eule mit dem Futter auf deinen Knien angelockt.

Felsen sind aber auch sehr erdverbundene Zeichen und können so auf deine Instinkte anspielen. Man weiß nämlich selten schon vorher genau, wo Bodenschätze in der Erde versteckt sind oder wann ein Erdbeben auftreten wird. Auch das Erdinnere ist für den Menschen schwer erforschbar. All das kann man höchstens mit seinen Instinkten erahnen, so wie ein Indianer, der die Erde abhorcht, um zu erfahren, wo eine Büffelherde sein könnte. Außerdem können Tiere oft Erdbeben und andere Naturgewalten schon vorher instinktiv spüren.

Es geht hier also auch darum, dass du mit Hilfe deiner Instinkte erkennst, welches Wissen wichtig für dich ist und was du generell für die Verwirklichung deiner Pläne brauchst.

Bei dieser Karte kann es darum gehen,

... sich nicht mit seiner momentanen Lage abzufinden, egal wie hoch sie ist, und weiterhin aktiv zu sein.

... jemandem, der dir einen wichtigen Dienst erwiesen hat, dankbar zu sein. Sonst wirkst du vielleicht arrogant.

... dass du dir überlegst, was du wirklich brauchst und wie du es bekommst. Dabei sind deine Instinkte oft hilfreicher als zeitraubende theoretische Überlegungen.

Bedenke also, dass vieles leichter sein kann, wenn du dich auf deine innere Stimme verlässt.

Gefühle:

Manchmal fühlt man sich hoffnungslos und allein. Aber es gibt immer auch einen Ausweg, wenn man sich nicht entmutigen lässt.

Du selbst:

Wenn du erst weißt, was du willst und wie du es schaffst, ist es meistens leicht, es auch zu bekommen.

Du und andere:

Die Hilfe von anderen kann sehr wichtig für dich sein. Das solltest du ihnen ab und zu auch mal zeigen.

2 Felsen

Streit unter Hexen

Zwei Hexen kämpfen hier miteinander und streiten sich um ihren Besitz. Sowohl die Perlen der einen als auch das Gemüse der anderen erhält man nur in mühsamer Arbeit. Beides steht somit für wertvolle Erträge harter Anstrengungen.

Der Schmuck dient dem Äußeren des Menschen, er symbolisiert daher äußere Leistungen, die unter anderem die Karriere oder die gesellschaftliche Stellung betreffen.

Die Knollen dagegen wirken auf das Innere. Sie symbolisieren innere Erfolge wie Liebe und Erfüllung von Träumen.

Der Kreis, in dem die beiden sich befinden, ist ein Zeichen für vollkommene Ausgeglichenheit, denn ein Kreis hat kein Anfang und kein Ende; er ist in sich geschlossen. Dass er aus Steinen ist, kann darüber hinaus auf besondere Festigkeit anspielen.

Um so ein solides, unverwüstliches Gefühl von Vollständigkeit und Ausgeglichenheit geht es bei dieser Karte. Wenn du das erreichen willst, musst du darauf achten, dass der Teil von dir, der nach Geld und Ansehen greift, nicht wie in diesem Bild zu mächtig wird. Das kann dazu führen, dass der Rest schwer verletzt wird, so wie die Hexe, die mit dem Rücken auf einen Haufen Steine geworfen wird. Um deinen Frieden zu finden, solltest du deine habgierige Seite also nicht wichtiger als nötig nehmen.

Bei dieser Karte kann es darum gehen,

… Ruhe zu bewahren, wenn du nicht weißt, welche deiner Interessen du bevorzugen sollst.

… dass es generell bei Auseinandersetzungen sinnvoll ist, sich so ruhig wie ein Fels zu verhalten, aber auch genauso einen festen Stand zu haben, um Angriffe abwehren zu können.

… dass du zufriedener und innerlich stärker bist, wenn du dich nicht von Gier leiten lässt.

… damit zu rechnen, dass Menschen, denen ihr Besitz am wichtigsten ist, dir das, was du hast, möglicherweise auch noch wegnehmen wollen.

Bedenke also, dass Geld bei weitem nicht alles im Leben ist. Mach dich deswegen nicht unglücklich.

Gefühle:

Wenn du eifersüchtig auf jemanden bist, ist selten er allein schuld an der Situation. Beruhige dich also und denke an deine Fähigkeiten.

Du selbst:

Du weißt, was für dich wirklich wichtig ist. Lass dich da nicht in sinnlose Kämpfe mit dir selbst oder anderen verwickeln.

Du und andere:

Es kann immer Neider geben. Bereite dich auf einen Angriff von ihnen vor, damit du dich besser wehren kannst.

3 Felsen

Hexen-Befehl

Du stehst in gebieterischer Haltung mit Dolch und Zauberstab auf einem hohen Felsen. Der Stab sieht etwas edler als das Messer aus und glänzt stärker. Das könnte heißen, dass du dich jetzt für einen Zauber entschieden hast. Deine hohe Stellung gibt dir dafür den nötigen Überblick. Es macht den Eindruck, als könntest du von dort oben aus ein riesiges Gebiet verhexen.

Der Fels, der dich dabei trägt, kann ein Symbol für deine offensichtliche Selbstsicherheit sein. Er kann aber auch für eine besondere Intuition stehen, mit der man sogar Erdbeben oder Vulkanausbrüche schon im Voraus spüren könnte. Wenn du so große, uralte Kräfte für dich nutzen kannst, indem du dich auf dich selbst und deine Instinkte verlässt, kann dich das in deinem Leben in eine sehr hohe Position bringen.

Du solltest dich aber auch nicht zu hoch über den Rest der Welt stellen. Wenn du es ganz alleine nach oben schaffen willst, kannst du oft so einsam wie auf diesem Bild sein.

Denn wenn du dich nur auf dich selbst stützt und andere nicht an dich heranlässt, wirkt das schnell eingebildet und abschreckend. Über längere Zeit halten das nur Menschen mit einem Herz aus Stein und Felsen aus.

Bei dieser Karte kann es darum gehen,

... dir klar darüber zu werden, dass du große Kräfte in dir trägst.

... dass Selbstbewusstsein und Vertrauen auf deine Eingebung sehr große Hilfen für dich sein können. Wozu noch zweifeln, wenn du weißt, dass du es kannst?

... dass du dich in den wenigsten Dingen alleine durchschlagen musst, wenn du es nicht willst.

... dass du dich wegen einer schweren oder verantwortungsvollen Aufgabe weder ständig bemitleidest, noch andere missachtest, deren Aufgaben leichter sind.

Bedenke also, dass es anstrengend, aber nicht unmöglich ist, hohe Ziele zu erreichen.

Gefühle:

Ein inneres Gefühl von Sicherheit kann dich sehr stärken. Vertraue dir!

Du selbst:

Du kannst mehr erreichen, als du vielleicht denkst.

Du und andere:

Es kann sehr gut für dich sein, dich mit Menschen zu umgeben, aber auch, dich selbst wichtig zu nehmen.

4 Felsen

Die gefangene Hexe

Du wirkst hier sehr verärgert. Hat der Sturm dich überrascht? Die Felsen können dich nicht vor ihm schützen, es fallen sogar Teile davon herunter, die dich hätten verletzen können. Darauf wartet wohl auch der Geier, der auf den baldigen Tod seiner Beute setzt, um sich so zu ernähren.

Es könnte hier darum gehen, dass du ein unerwartetes Problem bekommen hast und jetzt denkst, es wäre für dich demnächst alles zu Ende. In dem Fall wärst du sozusagen dein eigener »Geier«, der von deiner Niederlage ausgeht. Es kann sich aber natürlich auch um einen anderen Menschen handeln, der dir bei einer Aufgabe nicht viel zutraut.

Der Wind ist etwas sehr Schnelles, während du dich bei den schwerfälligen Steinen aufhältst. Ein Thema ist hier deshalb das Gefühl, nicht schnell genug auf eine Situation reagieren zu können. Doch keine Angst: Du bist schließlich nicht wie die Steine, die dich umgeben. Du selbst kannst dich entweder in Bewegung setzen, um schnell zu handeln, oder du kannst wegrennen an einen sicheren Ort.

Daraus ergibt sich noch etwas anderes: Man sollte nicht immer fest wie ein Felsen bei seiner Meinung stehen bleiben. Eine Situation kann so sehr wechseln, dass auch die beste Einstellung geändert werden muss, damit sie nicht wie hier zerbröckelt.

Bei dieser Karte kann es darum gehen,

… bei plötzlich auftretenden Schwierigkeiten nicht zu verzweifeln. Auch dann nicht, wenn es für andere oder sogar für dich fast aussichtslos erscheint. Du wirst einen Weg finden!

… dass du die unangenehme Lage, zu langsam für etwas zu sein, vermeiden solltest.

… dich nicht davon beeinflussen zu lassen, dass deine Umgebung auf etwas absolut besteht, wenn du diese Sache auf einmal anders siehst.

… dass in bestimmten Momenten Dinge nicht mehr richtig sind, die es vorher waren.

Bedenke also, an welchen Grundsteinen du dich festhalten willst und an welchen nicht.

Gefühle:

Folge deinem Gefühl, wenn es dir zu einer äußerst wichtigen Veränderung rät.

Du selbst:

Habe Vertrauen in dich und sei auch selbstbewusst genug, um Fehler einzusehen.

Du und andere:

Wenn jemand deine Fähigkeiten unterschätzt, solltest du das nicht als Entmutigung im Kopf behalten. Du weißt es schließlich besser!

5 Felsen

Die verführte Hexe

Der Junge und die Hexe auf diesem Bild küssen sich leidenschaftlich. Um sie herum ist ein Kreis aus Steinen, der auch hier wieder ein Symbol für verschiedene Dinge sein kann.

Der Kreis ist durch seine Einheitlichkeit und Gleichmäßigkeit ein Zeichen für eine ebenso harmonische Beziehung, in der sich beide wie zwei Hälften eines Kreises perfekt ergänzen. Die Steine stehen dafür, wie gefestigt diese Liebe ist, und wirkt gleichzeitig wie eine schützende Trennlinie zwischen ihnen und der Außenwelt.

Es muss hier aber nicht unbedingt um diese vollkommene Art der Beziehung gehen. Die Pflanzen, die der Junge in der Hand hält, könnten auch Brennnesseln sein und so die Romantik des Bildes sehr beeinträchtigen. Hast du das Gefühl, dass der Mensch, den du liebst, auch noch etwas in der Hinterhand hat, mit dem er dich verletzen könnte?

Die Steine, die ja ein Symbol der Erde sind, könnten dann auch darauf hindeuten, dass etwas versteckt wurde. Vielleicht musstest du ja erst einmal ein schlechtes Gefühl »begraben«, bevor du dich auf eine intime Beziehung einlassen konntest. Das kann positiv sein, wenn du zum Beispiel Hemmungen überwindest, Gefühle zu zeigen, es kann aber auch negativ sein, etwa wenn du es einfach verdrängen willst, dass dich etwas an ihm furchtbar stört oder beunruhigt.

Bei dieser Karte kann es darum gehen,
... wie schön es sein kann, die Welt um dich herum vor Glück zu vergessen. Genieße das!
... dass es für die Harmonie einer Beziehung wichtig ist, dass beide Verantwortung auf sich nehmen und beide einfühlsam sind.
... dass du der Sache nachgehen solltest, wenn dich etwas an deiner Beziehung stört. Sonst machst du dir ständig Sorgen, und das eventuell unnötig.
... in der Liebe Hemmungen zu vergessen und dich fallen zu lassen – aber nur, wenn du das wirklich willst!

Bedenke also, dass du den Dingen die jeweils angemessene Aufmerksamkeit schenken solltest, aber auch nicht mehr als notwendig.

Gefühle:

Beunruhigung und Unsicherheit sind oft sehr belastend für die Seele. Überprüfe also, ob deine Gefühle berechtigt sind.

Du selbst:

Pass auf, dass dein Wunsch nach Frieden und Glück nicht so stark wird, dass du manches Schlechte übersiehst.

Du und andere:

Du solltest dich nicht nach jemandem sehnen, dem du nicht restlos vertrauen kannst.

6 Felsen

Hexen-Sturz

Du stürzt von einem Felsen herab, den du hochklettern wolltest. So etwas ist immer ein Zeichen für eine gescheiterte Aufgabe, aber auch für Enttäuschung. Es läuft nicht so, wie du dir es vorgestellt und gewünscht hast. Besonders schlecht ist daran in diesem Bild, dass du auch noch in Brennnesseln fällst. Dein Schmerz beim Aufprall wird so noch gesteigert. Auch im realen Leben ist am Scheitern nicht allein schmerzlich, etwas nicht geschafft zu haben, sondern auch, dass deine Hoffnungen und die Erwartungen anderer verletzt werden.

Doch vielleicht sind das ja gar keine Brennnesseln, sondern normale oder sogar heilende Kräuter, die deinen Fall ein bisschen polstern. Das Vertrauen, das du und andere in dich haben, muss dir also nicht noch zusätzlich wehtun, es kann dir auch Zuversicht geben und dich trösten, wenn du einen Fehler gemacht hast.

Der Fels könnte hier aber ebenso wieder für deine Instinkte stehen. Wenn zwischen dir und deinen Instinkten plötzlich so viel Abstand ist wie zwischen der Hexe und dem Felsen, kann das sehr schmerzhaft für dich ausgehen und einen Plan zum Scheitern bringen. Oder geben dir deine Instinkte nicht mehr genug Halt und lassen dich sozusagen fallen? Du musst entscheiden.

Bei dieser Karte kann es darum gehen,

... dass man bei hohen Zielen auch sehr tief fallen kann.
... dass Enttäuschungen sehr verletzend sein können, ob du nun dich selbst oder andere enttäuschst.
... dich nicht zu sehr von Niederlagen beeindrucken zu lassen. So etwas passiert einfach, und du und dein Umfeld sollten dir vergeben können. Das Leben geht weiter!
... dass du dich nicht völlig von dem, was dir deine Instinkte sagen, entfernst. Manchmal musst du ihnen vertrauen.
... dich andererseits nicht ausschließlich an deine Instinkte zu klammern, wenn du auch bessere Methoden hättest.

Bedenke also, dass Fehler menschlich sind.

Gefühle:

Mach dich nicht verrückt, wenn du etwas Wichtiges nicht schaffst. Das passiert jedem mal, also beruhige dich.

Du selbst:

Deine Instinkte können dir helfen, aber verlasse dich nicht nur auf sie.

Du und andere:

Es muss nicht immer so sein, dass andere deine Verzweiflung noch verstärken. Du hast Trost verdient!

7 Felsen

Hexen-Brotzeit

Du siehst nicht sehr glücklich auf diesem Bild aus. Willst du den Pilz nicht essen? Oder stört dich jemand dabei? Es scheint sich um einen Fliegenpilz zu handeln. Du willst dich also entweder vergiften oder ihn für ein Hexenritual benutzen, eine Funktion, die der Pilz der Sage nach auch haben kann. Und weil du um seine giftige Wirkung weißt, andere Hexen aber dennoch von dir erwarten, dass du ihn isst, schaust du so bedrückt. Lass dich nicht dazu zwingen!

Oder du willst das Ritual alleine durchführen, hast aber trotzdem Angst, dass etwas schief gehen könnte. In diesem Fall solltest du nachdenken, ob du das wirklich machen willst, und dich wieder zu nichts zwingen lassen, auch nicht von deinen eigenen Erwartungen. Wenn du genug Zeit zum Nachdenken hattest und das Risiko trotzdem wagen willst, solltest du dir noch Ratschläge von erfahreneren Leuten holen.

So gesehen würde der Pilz also für einen gefährlichen Plan stehen. Er könnte auch durch sein Gift ein Symbol für den Tod sein, also dafür, dass du etwas Bestimmtes beenden willst. Das solltest du jedoch nicht tun, wenn du noch so unsicher bist wie hier auf der Karte. Oder ist es gerade deine Unsicherheit, mit der du abschließen willst?

Bei dieser Karte kann es darum gehen,

... wie schwer eine Entscheidung sein kann und dass man sich Zeit dafür nehmen sollte.
... nicht nachzugeben, wenn andere etwas von dir verlangen, von dem du weißt, dass es nicht gut für dich ist.
... dich nicht selbst unter Druck zu setzen und dir bei einer riskanten Sache ausreichende Informationen zu besorgen.
... nicht zu wissen, ob man etwas enden lassen will.
... die eigene Unsicherheit zu besiegen.

Bedenke also, dass erzwungene, schnelle Entscheidungen sehr falsch sein können.

Gefühle:

Du willst, dass eine Sache aufhört. Aber bist du dir sicher, dass du nicht zu extreme Mittel dafür benutzt?

Du selbst:

Lass dir Zeit, auch wenn dich die große Ungewissheit darüber quält, wie du dich verhalten sollst.

Du und andere:

Niemand hat das Recht, dir etwas zu befehlen, was dir sehr schadet.

8 Felsen

Umgestaltung

Die Hexen auf diesem Bild besprühen den Felsen mit merkwürdigen Zeichen. Es geht also um neue Ideen und Gedanken, die von dem Bisherigen absolut abweichen. Wie hier kann es sehr positiv wirken und neue Farbe ins Leben bringen, wenn du aktiv deine Umwelt nach deinen Vorstellungen verbesserst. Wenn du immer nur bei dem bleibst, was du schon kennst, wirst du irgendwann unbeweglich sein, als ob du aus Stein wärst.

Dieser Fels steht sicher schon seit tausenden von Jahren an demselben Fleck. Die kreativen Hexen schaffen es jedoch, dass er sich nach so langer Zeit endlich verändert. Das deutet auf die Möglichkeit hin, dass du auch alte Dinge noch ändern kannst und dass du nicht nur deshalb Respekt vor ihnen haben musst, weil sie alt sind und »das schon immer so war«.

Eine andere Botschaft dieser Karte ist, dass deine Instinkte wichtig sind, wenn du etwas völlig Neues machen willst. Der Fels ist ein Erdsymbol und steht damit unter anderem für das

Unveränderliche im Menschen, das schon von Anfang an da war, also für die Instinkte. So wie auf dem Felsen die Bilder festgehalten werden, können deine neuartigen Ideen durch deine Instinkte verwirklicht und getragen werden.

Bei dieser Karte kann es darum gehen,

… dass du dich mutig dafür stark machst, dass etwas verbessert wird, was dir am Herzen liegt.

… dich von Dingen zu lösen, die längst falsch geworden sind. Wenn du zu sehr auf deiner Meinung beharrst, kann das in Faulheit und Sturheit ausarten.

… mit herkömmlichem, traditionellem Denken aufzuhören, wenn es dir nicht mehr sinnvoll erscheint. Nur weil es bisher so gemacht wurde, muss es nicht richtig sein.

… dass dir deine Instinkte bei innovativen Plänen und kreativen Aufgaben sehr helfen können.

Bedenke also, dass es sich lohnt, sich für gute Veränderungen einzusetzen.

Gefühle:

Du kannst dich sehr froh, zufrieden und befreit fühlen, wenn du alte Regeln durchbrichst und Neues schaffst.

Du selbst:

Es ist wichtig, dass du immer offen für andere Sichtweisen bleibst, weil du sonst geistig »versteinerst«.

Du und andere:

Auch für ungewöhnliche Ideen kannst du Unterstützung und Inspiration bei einigen anderen finden.

9 Felsen

Hexenkonzert

Die Hexen auf diesem Bild machen zusammen Musik. Die Musik könnte für die Harmonie in einer Gruppe stehen, die in manchen Situationen viel Übung und Hingabe kostet. Die Felsen, die auch die menschliche Intuition symbolisieren, zeigen, dass du für ein harmonisches Klima in einer Gruppe oft deinem Instinkt vertrauen musst.

Aber die Harmonie zwischen den Hexen ist unter Umständen auch etwas gestört. Denn aus der lauten Pauke und den hellen Glocken wird sich kaum schöne Musik ergeben. Man wird wahrscheinlich nur die Pauke hören, weil die Glocken viel leiser sind. Die trommelnde Hexe nimmt sich also vielleicht zu wichtig und will alleine den Ton angeben. Das passt dazu, dass sie viel höher sitzt als die anderen beiden und somit den höchsten Platz in der Gruppe einnimmt.

Es wäre hier wohl sinnvoll, wenn die Hexen ihre Instrumente, also ihre Einstellungen und ihre Rollen in der Gruppe, neu überdenken würden.

Das Bild wirkt außerdem sehr frühlingshaft. Im Frühling erwachen Wünsche, die vorher auf Eis lagen, zu neuem Leben und bringen Veränderungen mit sich. Bei den Hexen könnte zum Beispiel der Wunsch nach mehr Beachtung oder nach mehr Harmonie geweckt worden sein. Beides erfordert jedoch Fingerspitzengefühl, damit man es nicht über- oder untertreibt.

Bei dieser Karte kann es darum gehen,
... dass ein Gruppenleben, in dem alle zufrieden sind, nicht selbstverständlich und deshalb umso kostbarer ist.
... dass es wichtig ist, dich auf dein Gefühl zu verlassen, wenn du Streit vermeiden willst.
... zu spüren, ob du zu wenig beachtet wirst oder ob du dich selbst zu sehr in den Vordergrund stellst.
... den Mut zu haben, sich auf eine natürliche, längst fällige Veränderung einzulassen.

Bedenke also, dass du exakt genauso viel Recht auf Aufmerksamkeit hast wie jeder andere.

Gefühle:

Wenn in dir »Frühlingsgefühle« hochkommen, fallen Ordnung und Harmonie schwer. Finde jemanden, dem du von deinem Gefühlschaos erzählen kannst.

Du selbst:

Welche Träume hättest du dir eigentlich schon erfüllen sollen? Warte nicht zu lange damit.

Du und andere:

Mach das, was du für dich willst, auch wenn du – noch – in einer Gruppe bist, die etwas anderes möchte.

10 Felsen

Hexe auf dem Fluss

Du fährst auf einem Floß an einem Haus vorbei. Du betrachtest es und sehnst dich vielleicht nach einem sicheren Zuhause anstelle der wackligen Bretter, auf denen du stehst. Würdest du dich dort gerne ausruhen oder mal unter Menschen kommen, um nicht mehr einsam zu sein?

Es fällt aber auf, dass die Hütte auf einem hervorstehenden Felsen gebaut wurde. Wenn das Wasser ihn immer weiter umspült und abträgt, wird sie bald in den Fluss fallen.

Bei den Felsen geht es nicht nur um Beständigkeit und Standfestigkeit, sondern auch um Instinkte. Mit diesen Dingen kannst du große Erfolge haben und darauf dein Heim errichten, deinen Platz in der Welt finden.

Allerdings solltest du dich nicht nur damit beschäftigen, denn das kann deinen Halt gefährden und dich unsicher machen. Auf diesem Bild sehen wir zum Beispiel eine Person, die sich mit ihren Gefühlen beschäftigt, was durch das Wasser ausgedrückt wird, auf dem sie fährt. Sie kennt sich dabei wohl sehr gut aus, denn ihre Haltung ist sehr selbstbewusst. Das gibt ihr die Möglichkeit, sich entspannt treiben zu lassen.

Bei dieser Karte kann es darum gehen,

... dass du nicht dazu verdammt bist, ständig auf dich allein gestellt zu sein und ständig weiter auf deinem Weg zu gehen. Pausen und andere Menschen tun dir gut.

... dass es schwer sein kann, seinen Platz in der Welt zu finden.

... deine wichtigen Pläne nicht auf unsolidem, unsicherem Boden in die Tat umzusetzen.

... für die Erfüllung deiner Träume mit Ausdauer zu kämpfen und hartnäckig zu sein.

... dass du dich, um glücklich zu werden, nicht nur mit harten Fakten und Instinkten beschäftigen solltest.

Bedenke also, ob du mehr dafür tun solltest, dass du dich geborgen im Leben fühlst.

Gefühle:

Wenn du merkst, dass alle Möglichkeiten, die du hast, unsicher sind, kann es sinnvoll sein, dich von Gefühl und Instinkt leiten zu lassen.

Du selbst:

Konzentriere dich nicht nur auf deine momentanen Aufgaben, sondern nimm dir auch Zeit für dich.

Du und andere:

Kapsel dich nicht aus Stolz und Eigensinn von anderen ab, wenn du insgeheim doch mit ihnen befreundet sein willst.

Fest
(Prinzessin/Page)
der Felsen
Lammas

Dieser Zauberer jongliert geschickt mit Würfeln und Zauberstäben oder er lässt sie sogar in der Luft schweben. Der Schmuck liegt unbeachtet vor ihm. Das zeigt, dass es sehr belastend sein kann, immer dem Reichtum hinterherzujagen. Andere Dinge sind viel leichter. Außerdem ist Geld nicht immer das Wichtigste, um etwas in die Tat umsetzen zu können. Man braucht auch Glück, etwas »Magie« und Feingefühl, was durch die Würfel und die Stäbe symbolisiert wird. Renn also nicht sinnlos nach immer mehr Geld, wenn du dich eigentlich nur so still wie ein Stein ausruhen möchtest.

Vielleicht hat der Hexer ja auch eine schwere Entscheidung zu treffen und weiß sozusagen noch nicht, wie die Würfel für ihn fallen werden. Er lässt sich dabei nicht von äußerlicher, oberflächlicher Schönheit und Geld beeinflussen, sondern benutzt eine Art Zauber, der ihm zeigt, was ihm am wichtigsten ist und ob er etwas ändern sollte.

So ähnlich kannst du in dich hineinhören, um nachzuforschen, was du wirklich willst, frei davon, was man von dir erwartet. Das wird dich innerlich felsenfest stärken und manches fast magisch erleichtern.

Bei dieser Karte kann es darum gehen,

... Geld nicht wichtiger zu nehmen als nötig. Das führt nämlich auch nicht immer zum Ziel und kann dich abgesehen davon auch sehr unglücklich machen.

... dass du mit Glück und Einfühlung in eine Situation viel erreichen kannst.

... wie wichtig es ist, sich zu entspannen.

... dass du dich nicht durch Oberflächlichkeiten oder Geld zu Dingen treiben lässt, die du eigentlich nicht willst.

... dass es das Wichtigste ist, dass du selber dein Leben magst, nicht ob andere das tun.

Bedenke also, dass du es nicht mit etwas anderem ersetzen kannst, dir zu überlegen, was du für dich willst.

Gefühle:

Setz dich nicht sinnlos unter Druck und geh locker an deine Aufgaben heran.

Du selbst:

Du wirst sicher die richtige Entscheidung fällen, wenn du dir Zeit lässt und dich nicht dabei beeinflussen lässt.

Du und andere:

Lass dich nicht darauf ein, wenn man von dir fordert, dass du dich verstellst und von dir selbst entfernt.

Mond
(Ritter)
der Felsen
abnehmender Mond

Du kletterst auf den Felsen, während dich oben ein Geier beobachtet, der meistens einen Vorboten des Todes darstellt. Du kennst es sicherlich, wenn jemand abschätzig von oben herab auf dich blickt und meint, das Scheitern deiner Pläne voraussehen zu können. Doch du lässt dich nicht davon abschrecken und vertraust mit siegessicherer Miene auf dich und das fest vertäute Seil.

Andererseits könnte man aber fragen, warum du das eigentlich machst. Denn was wird es dir bringen, wenn du oben angelangt bist? Solche unnötigen Strapazen vermeidest du in den meisten Fällen besser. Der Geier könnte dann bedeuten, dass du diese Pläne »sterben« lassen solltest. Der sich ständig verändernde Mond kann ebenfalls diese notwendige Änderung widerspiegeln.

Oder willst du dagegen ankämpfen, dass du nicht ernst genug genommen wirst, und kletterst nach oben, um den Geier, das Symbol für diese Geringschätzung, zu verjagen? Der Mond steht nämlich auch für überbrodelnde Gefühle.

Manchmal nervt es einfach so sehr, unterschätzt zu werden, dass man sich einfach beweisen *muss*, zur Not auch mit eigentlich sinnlosen Aktivitäten. Aber wenn du dich dabei so sicher fühlst wie die Hexe auf diesem Bild und es wirklich willst, hast du jedes Recht dazu.

Bei dieser Karte kann es darum gehen,

… dich nicht einschüchtern zu lassen, wenn jemand dir sagt, dass du etwas nicht schaffst. Schließlich weißt du, dass du es kannst, oder?

… dass du dir überlegst, ob du es dir viel zu schwer machst und ob dein Vorhaben zu nichts führt, das dir am Herzen liegt.

… den berechtigten Drang zu haben, zu zeigen, was man kann. Gefährde dich dabei aber nicht für die Meinung von jemandem, der würdelos und heimtückisch wie ein Aasgeier ist.

Bedenke also, nach welchen Erfolgen du dich wirklich sehnst.

Gefühle:

Man darf auch mal verrückte Dinge tun. Folge deiner inneren Stimme statt den ständigen Pessimisten; sichere dich aber dennoch ab.

Du selbst:

Sei nicht so unbeweglich wie ein Felsen, wenn du merkst, dass deine Ziele zwecklos für dich sind und Veränderungen hermüssen.

Du und andere:

Lass dich, wenn jemand deine Fähigkeiten nicht anerkennt, davon weder entmutigen, noch zu Dingen verleiten, die du gar nicht willst.

Göttin
(Königin)
der Felsen
Die griechische
Göttin Hekate

Du hockst auf einem Stein und bist von Schlangen umgeben. Sehr wohl ist dir dabei verständlicherweise nicht. Du willst die Schlangen nicht zu dir lassen und versuchst offensichtlich, sie mit Wasser zu vertreiben. Doch es ist sehr wahrscheinlich, dass du ihnen damit nur das Gefühl gibst, angegriffen zu werden, und so noch mehr reizt. Um der Gefahr zu entkommen, solltest du eher vorsichtig durch den Fluss gehen und die Schlangen dabei im Auge behalten. Manchmal ist man halt einen falschen Weg gegangen und muss sich zurückbewegen, um Schlimmeres zu vermeiden.

Es ist aber auch so, dass Schlangen sich oft häuten und aus ihrer abgenutzten alten Haut schlüpfen. Kann es sein, dass du eine solche Erneuerung auch nötig hättest? Deine Angst vor den Schlangen symbolisiert dann die Angst vor Veränderungen. Eigentlich willst du, dass alles beim Alten bleibt. Aber wenn du von Veränderungen so umstellt bist wie hier von den Schlangen, kannst du ihnen kaum entrinnen. Jeder

Versuch, sie aufzuschieben, verschlimmert die Sache nur. Eine Göttin der Felsen zu sein, kann also auch die Gefahr bedeuten, seine felsenhafte Standfestigkeit zum falschen Zeitpunkt einzusetzen und dadurch unvorteilhaft schwerfällig zu werden.

Bei dieser Karte kann es darum gehen,

... einen Weg aus dem beklemmenden Gefühl zu suchen, von Gefahren umzingelt zu sein und die Situation nur verschlechtern zu können.

... deine Feinde nicht sinnlos zu reizen.

... die Energie zu haben, eine falsche Entscheidung rückgängig zu machen.

... sich nicht vor unvermeidbaren Veränderungen zu verschließen.

... dass es nicht immer an der Zeit ist, an etwas unerschütterlich festzuhalten.

Bedenke also, dass du manchmal in Bewegung kommen musst, damit es dir weiterhin gut geht.

Gefühle:

Angst kann dich nicht nur vor Gefahr warnen, sondern auch lähmen. Nur in letzterem Fall musst du deine Angst überwinden.

Du selbst:

Ist für dich gerade »Augen zu und durch« oder ein vorsichtiger Rückzug die beste Alternative?

Du und andere:

Verschrecke Menschen, die dir helfen wollen, nicht aus Angst davor, Dinge ändern zu müssen.

Prüfung
(König)
der Felsen
Das Brandmal

Der Mann auf diesem Bild hat dem Mädchen eine Brandmarke verpasst. Normalerweise macht man das mit Kühen, um zu klären, welchem Besitzer sie gehören. Insofern sehen wir eine sehr demütigende Szene. Ein Mann traut seiner Freundin nicht zu, treu zu sein, und betrachtet sie als seinen Besitz statt als einen gleichberechtigten Menschen.

Pass auf, dass du so ein egoistisches Denken nicht wie dieses Mädchen erst bemerkst, wenn es zu spät ist.

Die Säulenhalle kann unter anderem für dein Zuhause stehen. Wenn deine Beziehungen zu den Menschen, die du liebst – also sozusagen dein geistiges Zuhause –, so solide und widerstandsfähig wie diese steinerne Halle werden, kann das wie ein schützendes Dach über deinem Kopf sein.

Die Halle kann aber auch für antikes Wissen stehen. Griechische Philosophen lehrten ihre Ansichten in solchen Locations. Doch mittlerweile hat diese Halle Risse bekommen: Denn Wissen ist nicht mehr nur Männern vorbehalten, und Frauen müssen sich ihnen nicht mehr unterwerfen.

Bei dieser Karte kann es darum gehen,

... dass es in einer Beziehung wichtig ist, dem Partner Freiheiten zu geben, ihm zu vertrauen und ihn zu achten.

... Verschlechterungen in einer Beziehung oder in Freundschaften nicht zu ignorieren, bis es zu spät ist.

... sich um seine Freunde zu kümmern, damit das gegenseitige Vertrauen so fest wie Stein wird.

... dass keine Frau sich mehr einem Mann unterordnen muss, weder intellektuell noch beruflich noch privat.

Bedenke also, dass du eigenständig bist und Anerkennung verdienst, andere aber auch.

Gefühle:

Aus dem Gefühl, ausgeschlossen zu werden, entstehen oft heftige, unerwartete und verletzende Reaktionen.

Du selbst:

Lass dir nichts »aufdrücken«, sondern handle wohl überlegt und vor allem so, wie du es für richtig hältst.

Du und andere:

Habe den Mut, auszubrechen, wenn dich etwas oder jemand in Besitz nehmen will.

So geht's weiter

Wer Spaß am Teen Witch Tarot hat, will sich vielleicht weiter mit Tarot beschäftigen. Nützliche Bücher dazu im Folgenden.

Es gibt auch eine kostenlose Zeitschrift: Die TRAUMZEITung erscheint zweimal im Jahr (April und Oktober) und ist im Buchhandel gratis erhältlich. Adresse: TRAUMZEITung, Redaktion, D-24796 Krummwisch, E-Mail: tarot-traum-zeitung@t-online.de.

Literaturhinweise

Tarot-Bücher

Bürger, Evelin, und Johannes Fiebig: Tarot für Einsteiger/innen. Krummwisch 1994, 12. Aufl. 2003 (Königsfurt)

Francia, Luisa: Hexentarot – Traktat gegen Macht und Ohnmacht. Zürich o.J. (Stechapfel)

Montano, Mario: Tarot – Spiegel des Lebens. Neuhausen 1998 (Urania)

Pollack, Rachel: Tarot – 78 Stufen der Weisheit. München 1992 (Knaur)

Terhef, Rena: Tarot für Zauberhexen. Krummwisch 2001 (Königsfurt)

Terhef, Rena: I-Ging für Zauberhexen. Krummwisch 2002 (Königsfurt)

Tarot-Karten (Decks)

Tarot von A. E. Waite. ISBN 3-927808-15-6

Tarot von A. Crowley. ISBN 3-927808-56-3

Blumenelfen Tarot. ISBN 3-989785-539-8

Glücksfeen Tarot. ISBN 3-989785-521-5

Hexenkult Tarot. ISBN 3-989785-631-9

Margarete Petersen Tarot. ISBN 3-989785-627-0

Moderne Hexen

Budapest, Zuzanna, und Diana L. Paxson: Das Lebensbuch für Frauen. München 2004 (Kailash)

Francia, Luisa: Die magische Kunst, das Glück zu locken. München 2004 (Nymphenburger)

Gabriel, Vicky, und Jessica Hofmann: Teen Witch. Die wilde Magie der jungen Hexen. Engerda 2002 (Arun)

Sanderson: Das Meerjungfrauenvirus. Befreiung aus der Schönheitsfalle. Krummwisch 2003 (Königsfurt)

Skade, Cambra Maria: Töchter der Mondin. Engerda 2002 (Arun)

Staschen, Heidi, und Thomas Hauschild: Hexen. Krummwisch 2000 (Königsfurt)

Wie viele Sorgen man loswird,
wenn man sich entschließt,
nicht etwas, sondern jemand zu sein!
(C. Chanel)

JETZT NEU

Märchen

Mythen

Träume

Tarot

& Co.

kostenlos

IN IHRER BUCHHANDLUNG

Coupon – einzulösen in Ihrer Buchhandlung oder direkt bei TRAUM-ZEITUNG

D-24796 Krummwisch · Tel. 0 43 34 - 18 28 19 · Fax - 18 28 24 · e-mail: tarot-traum-zeitung@t-online.de

Ja, ich möchte kostenlos die neueste Ausgabe der **TRAUM-ZEITUNG:**

Name ....

Adresse ....

....

Datum/Unterschrift